백조의 거리 153 번지

이든북

책의 종이는 친환경紙를 사용하였습니다.

백조의 거리 153 번지

.
.
.
.

2025 주황무지개

책을 펴내며

우리 성심당이 70년 인고의 세월이 흐르는 동안 꿋꿋하게 우뚝 설 수 있던 건 '사랑'이었습니다. 함께 동행할 수 있음에 감사드립니다.

성심당 가족은 사랑의 챔피온, 에코 챔피온, 소식 나누기, 부서기사 등 매주마다 사연을 기고합니다. 그 사연을 모아 '한 가족 신문'을 주1회 발행합니다. 모든 영업점에 빵, 케이크, 음식의 기본재료를 만들어 공급하는 부서인 성심당의 심장인 C.K(Control Kitchen)에서 근무하면서 일년에 걸쳐 제가 올렸던 소소한 이야기 '한 가족 신문' 기사를 재편집하여 출간하게 되었습니다.

하나님의 은혜에 감사드리며, 한가족 신문을 통해 출간할 수 있게 도움주신 임영진 대표님께 감사드립니다. 그리고 근거리에서 많은 도움을 주신 박삼화 상무님, 김미진 이사님. 항상 긍정의 아이콘이신 임선 이사님, 브랜딩사업부, 성심당 가족 여러분께도 감사 드리며 모든 성심인께 늘 주님의 은총이 함께 하시길 기도드립니다.

C·O·N·T·E·N·T·S

딸기시루케이크

- 10   활기찬 2025년 시무식
- 15   너무나 오래된 기억
- 17   사랑이 넘치는 팥빙수
- 19   2024 I'm Baker & I'm Chef 사내 경연대회 심사를 마치며…
- 21   딸기시루 케이크
- 25   추석(秋夕)이 하석(夏夕)으로~~
- 27   최고의 빵새 방앗간
- 29   술래잡기

꿈은 ★이루어진다

- 36   오정동 둥지 틀기 (1)
- 40   오정동 둥지 틀기 (2)
- 43   일하여 얻어라
- 45   끝없는 배움
- 50   배움의 나들이
- 54   전시회를 마치며…
- 57   위대한 도전
- 60   더 높은 곳을 향하여
- 64   꿈은 ★ 이루어진다.

당연한 건 없다

- 72 시간의 온도 차이
- 74 당연한 건 없다.
- 77 의자를 생각하며
- 80 멀티플레이
- 83 소통 부재의 비극
- 88 사표도 기술이다
- 91 내 물건이 소중하다면…
- 94 조리박물관

백조의 거리 153번지

- 100 땡감과 홍시
- 103 소소한 행복
- 105 한가족 운동회의 추억
- 111 웃음이 주는 행복
- 114 우리 모두가 공인
- 116 유종지미
- 119 선배(先輩)
- 122 백조의 거리 153번지

다음을 준비하는 성심당

- 130 소풍
- 134 지구를 지키자
- 138 소보르의 혁신
- 141 성장하는 회사의 공통점
- 144 모두를 위한 경제포럼
- 150 이웃과 함께하는…
- 153 다음을 준비하는 성심당
- 156 밀이 피었습니다.

딸기 시루 케이크
Strawberry Siru Cake

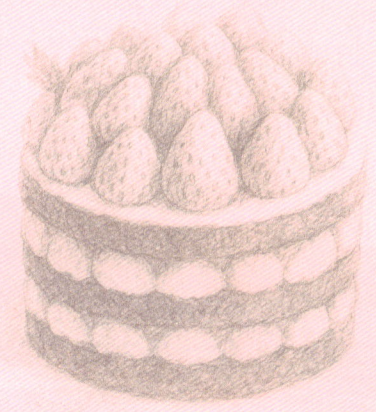

🍎 활기찬 2025년 시무식

여러분!

혹시 시중에서 성심당 제품 케이크로 시무식 행사를 치르면, 그 회사나 단체가 번창한다는 설(說)을 아시나요?

새해 첫 업무가 시작될 때 거의 모든 단체나 직장에서는 직원들의 단합과 목표를 위해 새로운 마음가짐으로 시무식 행사를 거행합니다. 예전에 제가 근무했던 호텔의 시무식은 한가한 시간을 이용하여 각 업장의 최소 인원만 근무하고 참석하는 시무식 행사였습니다. 업장의 고객 행사가 바쁜 경우에는 업장별로 케이크 자르기와 덕담으로 간소하게 이뤄졌습니다.

우리 성심당은 1월 2일 우송대학교의 〈우송예술회관〉에서 행사 일정을 잡았습니다. 영업 손실을 안고 전 업장을 조기 마감하면서까지 2시간 30분간 긴 시간을 할애하여 행사한다는 점에 의아하면서도 그 중요성을 느꼈습니다.

행사가 임박함을 알리는 문자 메시지가 떴습니다. 당일이 되자 예술회관에는 축제와도 같은 분위기였지요. 직원들은 삼삼오오 들어와 다과와 함께 포토 존에서는 인증샷을 하고들 있었고요. 로비에서 우리를 직접 환대 해주시는 대표님과 인사를 나눴습니다.

직원들과 임선 이사님이 함께 인생네컷 사진을 남기며 청춘으로 되돌아감을 만끽했습니다. 웅장한 홀 안에는 이미 많은 직원이 자리했습니다.

"2025 주황 무지개 우리는 성심인 사랑이 답이다."라는 플랜카드가 무대 위 상단에 올해의 슬로건으로 올 한 해의 방향을 제시하고 있었습니다.

임세혁 아나운서의 사회로 행사가 진행되었는데, 우선 제주공항 여객기 사고로 희생되신 분들에 대한 애도의 묵념으로 시작했어요.

사가를 제창하고, 상무님께서 한 해 경영 실적을 보고한 후 시상식(사랑의 기사, 에코, 근속자, 올해를 빛낸 성심인)을 한 다음, 나의 일터 나의 성심당 편에 백지애 부장의 직장 경험담에 이어 대표님께서 "우리는 성심인, 사랑이 답이다." 신년사 말씀을 끝으로 공식 일정을 마쳤어요. 이어서 튀김소보채 7인 혼성팀의 공연으로 행사를 마무리 했습니다.

그런데, 대표님의 마지막 말씀 중에 직원들의 큰 환호가 쏟아졌습니다. 배포가 크신 대표님께서 한 해 노고에 인센티브 외 특별포상금을 주신다는 말씀이었습니다. 물론, 현장에서 체감할 수 없는 금액이나 나눔 그 자체만으로도 우리 회사에 대한 확고하고 깊은 철학을 지니신 대표님 결정에 많은 직원들도 공감했으리라 봅니다.

저의 오랜 직장생활 중 2025년 시무식은 아주 의미가 깊었던 행사였어요. 성심인으로 한가지 말씀드리자면, 앞으로는 우리나라의 모든 직장과 회사가 시무식 때에는 꼭 성심인들의 진심을 담아 만든 케이크로 시무식을 하는 회사가 많이 잊지 않을까요.

🍒 너무나 오래된 기억

오늘(7日)은 외식사업부 '전체회식의 날'이었습니다. 더욱이 공식적으로 외식사업부 처음 행사였죠. 보문산 줄기 끝자락에 위치한 행사장소엔 겨우내 얼어붙었던 산천초목 마져 반가운 듯 봄비가 내리고 있었죠. 어두운 불빛 사이로 가랑비에 젖은 푸릇푸릇한 이파리가 간헐적으로 살랑거리는 바람에 선명하게 다가왔습니다.

우리 외식사업부 직원들의 일사불란한 움직임이 역동적이었습니다. 스피커에서 흐르는 리듬에 분위기는 더욱 정열적으로 발산되었습니다. 직원들의 환한 미소와 분주함에 나 또한 미소지며 젊음으로 돌아간 듯 하였습니다.

참으로 회식이라는 단어가 너무 오래전 일이라, 머릿속에 와 닿는데는 약간의 공감 시간이 필요했습니다. 예전에 직장에서의 회식은 상사의 주도 아래, 조직 내 유대감 형성과 소통의 장으로 여겨져 참석이 사실상 '의무'였던 경우도 많았죠. 하지만 시대가 변하면서 그 모습도 많이 달라지고 있죠. 이제껏 겪어보았던 회식문화와는 좀 달랐습니다.

퀴즈게임에 경품잔치 등 젊음에 맞는 분위기였습니다. 직원들이 준비한 카네이션 케익을 임선 이사님과 함께 받으며 "스승의 은혜" 합창은 가슴 벅찬 감동으로 잊지 못할 순간이었습니다.

마당 한가운데 활활 타오르는 모닥불처럼 우리 "외식사업부" 직원분들 모두가 열정적으로 회사 생활을 할 것이라는 믿음을 얻었습니다. 바쁘신 일정에도 불구하고 참석하여 주신 박삼화 상무님과 임대혁 이사님께 감사드립니다. 내리는 빗방울 숫자만큼 "외식사업부" 직원 모두를 사랑합니다~!!

🍒 사랑이 넘치는 팥빙수

  여름의 낭만인 시원한 바닷가를 상상해 봅니다. 이렇게 더운 날 대표 먹거리로 팥빙수가 제격이 아닐까요. 먹는 일에는 누구나 자유로울 수 없으니까요.

  그러나 한여름 무더위는 또 다른 미각을 유혹합니다.

  얼음꽃을 한 숟갈 떠서 입 안에 넣는 순간, 후텁지근하고 짜증 난 머리의 스트레스를 한 방에 날려줍니다. 팥빙수는 옛 어른들의 지혜에서 만들어져 변천된 음식입니다. 팥의 효능은 일일히 열거하지 않아도 모든 분이 너무 잘 알고 계십니다.

팥이 빙수와 어우러지는 여름철 전령사 팥빙수야 말로 보약이 아닐까요? 이제는 먹거리를 넘어 한국 문화를 전파하는 또 하나의 역할을 톡톡히 하고 있지요.

지금 으능정이 일대에서 보듯 우리는 이런 역할의 첨병입니다. 너도나도 무더위 탈출의 체험으로 손에 손의 봉투에 담은 팥빙수의 물결 말입니다. 덕분에 어마무시한 양의 팥을 끓여대기 시작했죠. 덩달아 말로만 듣던 땀띠로 인해 낮, 밤없는 전쟁으로 곤혹스러웠지요. 그럴지언정 팥을 친구 삼아 오늘도 힘차게 노(주걱)를 젖습니다.

여러분은 아시나요? 다른 팥빙수 제품과 우리 성심당만의 건강한 팥빙수는 무엇이 다를까요? 우리가 생산하는 팥에는 사랑의 〈꿀〉을 첨가하였습니다.

꿀은 "사랑"의 대명사입니다. 사랑의 꿀이 어우러진 성심당 팥빙수를 드시는 분 모두가 활짝 핀 사랑의 미소를 짓고 계십니다. 지금 성심당에는 정성 듬뿍 담긴 사랑의 팥빙수가 기다리고 있습니다.

🍡 2024 I'm Baker & I'm Chef
사내 경연대회 심사를 마치며…

음식을 만들어 평가받는다는 것은 요리사 누구에게나 가슴 졸이는 일입니다. 또한, 평가자는 개개인의 정성은 물론, 수고로움과 출품작을 존중하여 객관적인 자세를 가져야 합니다. 요리의 작품을 실패와 성공으로 나누는 건 바람직하지 않습니다. 오히려 이번에 입상하지 못한 분들이 먼 훗날 더 빛을 발휘할 수도 있습니다.

수요자의 입맛과 기호도는 시시때때로 변하므로, 하고자 하는 요리의 방향성이 다르게 나온 작품이 의외로 성공하기도 합니다. 그 자리에서 안주하기보다 도전하는 자가 더욱 아름답습니다. 입상하지 못한 분들도 배움의 치열한 과정을 겪었을 것입니다.

대회에 나가기 위해서 노력하고 힘들었던 일은 스스로 점검했던 기회입니다. 참가자들이 명심할 것은 입상보다는 경험입니다. 그래서 수고하셨던 참가자 모두가 입상자라고 생각하며 찬사를 보냅니다. 요리를 즐겁게 느끼는 순간, 더 이상 요리는 노동이 아닌 예술입니다. 오늘 이 자리를 위해 노력해 주신 여러분 수고 많았습니다.
 늘 노력하는 성심인 가족들에게 건승을 빕니다.

🍓 딸기시루케이크

 브라우니시트 사이에 쵸코 크림을 가득 채워 아낌없는 딸기를 샌드하여 만들어지는 명품 딸기 시루 케이크의 화룡점정은, 신선한 딸기로 둥그런 산을 이룬 풍성함이 클라이맥스입니다.

 딸기시루 케이크가 리뉴얼된 내력은, 케이크 부띠끄 본점 안종섭 이사님의 각고와 직원들의 정성 어린 노력이었습니다. 막내와 2.3(딸기가 2.3kg) 두 종류의 딸기케이크였지요. 또한 김미진 이사님이 겹겹의 층이 시루떡 같음을 착안하여 새롭게 명명한 "시루"를 붙여 케이크 부띠끄 명물인 "딸기시루 케이크"가 탄생했다고 합니다.

 돌이켜보면, 이 명물은 순탄한 길보다는 판매 저조로 잠시 판매 중단의 시련도 있었다지요. 미흡했던 판매 실적이 하루하루가 다르게 판매량이 요동치기 시작했습니다. 급기야 품절 사태를 빚게 되었다고 합니다.

 2023년 3월 한 온라인 커뮤니티에 '과소 허위광고' 고발(?) 사건(실제 2.3Kg보다 많은 양의 딸기)으로 블로그에 올려지면서 후폭풍이 거세게 불어 많은 고객의 발길을 대전으로 이끌었습니다. 시간이 점점 지나면서 전국에 회오리바람을 일으키며 대전을 꿀잼 도시로 만들어가고 있습니다.

 케이크 부띠끄 앞에는 새벽부터 늘 웨이팅으로 전국에서 오신 고객들이 문전성시를 이루고 있지요. 외지에서 온 고객을 위한 케이크 보관함까지 설치하게 되었습니다. 성심당이 대전 문화의 한 축으로 자리매김하며 먹방의 도시로 이끌어가고 있습니다.

고마운 분들께 마음을 담은 "딸기시루 케이크"는 고물가 시대 최고의 명절선물이 되고 있습니다. 제 아내 역시 명절 일주일 전부터 출근길 틈을 내서 긴 줄에 매달려 딸기시루 케이크 구매에 열을 올렸습니다. 케이크를 받은 분들께서 이구동성으로 "줄을 서야 사는 이 귀한 걸 어떻게 샀어요"라며 무척이나 고마워했답니다. 아내는 웨이팅하는 수고로움보다 받는 사람의 즐거움이 크기에 시간을 투자하여 일주일 내내 꼬박꼬박 구매했더랍니다.

작년보다 올해 구매하기가 조금 더 수월해진 이유는, 시루 케이크 전문 매장이 생기면서 판매 업무의 분업화가 고객의 불편함을 많이 줄일 수 있었던 것 같습니다.

많은 고객에게 사랑을 받던 딸기시루 케이크도 5월이면 딸기가 끝물이라 판매가 중단됩니다. 그런데 참으로 아이러니한 일은, 오래전에 우리나라의 노지딸기가 생산되는 철은 5월이었거든요. 농업의 발전으로 하우스 재배가 가능하기에 이제는 겨울철 과일로 자리를 잡게 되었습니다. 만약에 예전처럼 5월에 수확한다면 지금의 딸기시루 케이크가 탄생할 수 있을까요?

딸기의 특성상 관리하는 어려움으로 어떻게 지금과 같은 명물이 되었을지 궁금해집니다.

자, 그러나 추운 겨울의 이 시간, 케이크 부띠끄 앞에는 오늘도 명품을 찾기 위한 웨이팅이 시작됩니다.

🍡 추석(秋夕)이 하석(夏夕)으로 ~~

 가을의 명절 추석에 대표적인 음식은 뭐니뭐니해도 송편일 겁니다. 특히 볶은 검은깨와 조청이 들어가 달달하면서 고소한 속 재료로 빚은 송편은 일미였습니다.

 지역에 따라 송편 속 재료는 깨소금, 팥, 콩, 밤, 녹두 등 각양각색입니다. 어릴 적 추석 명절이 되면 어머니의 심부름으로 뒷동산에서 솔잎 채취를 하러갔다가 말벌에 쏘여 고생했던 기억이 새록새록 납니다. 어머니가 햇곡식으로 정성스럽게 빚어낸 별미의 송편 맛도 이제는 추억의 뒤안길에 머물러 버렸지요.

옛것을 불러오는 전통 다과와 음료 등을 판매하는 "옛맛솜씨" 앞에서는 해마다 이맘때가 되면 송편을 찌기 시작합니다. 오늘도 새벽부터 찜기에서 뿜어져 나오는 솔잎 향이 뽀얀 김 내음에 송편이 고소하게 익어가고 있습니다. 추석이 다가옴이 느껴집니다.

 왠일인지 갈피를 잡지 못한 이상기온으로 더위가 가을을 밀어내며 폭염의 기세가 때아닌 여름 추석이라는 신조어를 끌어냅니다. 덩달아 사람들의 입맛도 더위를 쫓아갑니다. 철 지난 순수 토종 팥빙수를 찾는 고객으로 인해 가을에 여름 메뉴인 팥빙수를 다시 소환하게 되었습니다.

 오늘도 본점 테라스 계단 층층 마다 아슬아슬하게 줄지은 고객들은 송편을 대신하여 더위를 대항할 팥빙수를 기다립니다. 이렇게 날씨의 변화에 따라 사람들 입맛이 맞춰집니다.

🍡 최고의 빵새 방앗간

 살기위해 먹는 세대, 먹기위해 사는 세대가 있다고 합니다. 그런데 두 부류가 함께 공존하는 세대가 있는데 바로 우리의 직원식당 입니다. 배고프던 시절이 없어서 못 먹었지, 맛으로 먹었던 기억은 없습니다.

 먹거리가 쌓이고 넘치는 요즘은 음식물 쓰레기가 환경오염의 주범으로 지구를 위협 할 정도로 낭비가 너무 심합니다. 부모님께 밥상머리 교육에서 음식 남기는 건 죄악으로 가르침을 받고 자란 저로서는 지금도 항상 음식에 대한 소중함을 알고 있습니다.

모든 질병은 잘못된 식습관에 의해 성인병을 일으키는 주범이 되고 있음을 배웠지요. 제가 유추해본 즉 달고, 맵고, 짠맛으로 음식을 선호하니 그런가 봅니다.

그러나 우리 성심당의 직원식당은 구세대, 신세대의 입맛에 맞게 음식을 구성하고 있습니다. 맛깔스러운 어머니 밥상 메뉴가 모든 직원들 입맛을 아우릅니다. 또한 다행스럽게도 놀라울 정도로 음식물 쓰레기가 식사 인원수에 비해 소량으로 버려지고 있습니다.

이런 수고는 늘 보이지 않는 곳에서 정성스럽게 음식을 해주는 직원식당 직원분들의 섬세한 배려인 엄마표 밥상 덕분이죠. 직원들 건강을 책임지는 모든 분께 감사합니다.

아울러 우리 직원 여러분께 감히 부탁드립니다.

식사 후 식판 정리 하실 때 감사의 표현 "감사합니다." "잘 먹었습니다." 한마디 인사말을 나눠 주신다면 직원식당에서 근무하시는 분들이 힘이 나지 않을까 싶습니다.

🍒 술래잡기

우리 C/K 부서에서는 심심치 않게 컴플레인이 들어옵니다. 〈참치 고로케〉에서는 참치 뼈가 나옵니다. 저희들이 제조하는 식재료에서 다양한 이물질이 발견되지요. 때론, 세상이 곡할 노릇으로 전혀 예상치 못한 이물질이 나오는 경우 멘붕이 되어 버립니다. 이물질 발견시 고객님들의 반응은 천태만상입니다.

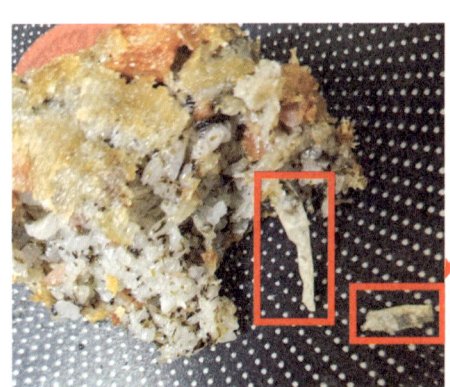

생각하면, 지금도 기억에 남는 고객이 있었습니다. 〈부추빵〉에서 나온 투명 비닐이라며 이물질로 고객센터를 통해 인계받아 고객과 상담을 시작했지요. 고객은 직접 대표님의 사과를 받는 조건이었습니다. 환불은 이미 처리되었지만, 고객과 몇 차례의 통화에도 결말이 나오지 않았어요. 오로지 대표님께서 직접 사과하는 조건을 요구했습니다. 제가 미온적인 태도로 응대했다고 여겼는지, 고객은 구청 위생과에 신고했습니다. 자사 식품 안전과에서는 저에게 해명을 원했어요. 식재료인 '부추' 속에 들어가는 '양파'가 말라버리면 투명 비닐과 흡사함을 알고서 문제의 비닐을 촬영하고 설명하여 구청에 알렸죠. 결국은 구청에서 원인 불명으로 판명이 났지요. 3개월간의 끈질긴 투쟁(?)과 보상으로 마음 고생한 씁쓸함은 저의 기억 속에서 도려내고 싶은 부분이었습니다.

 울지 못할 일도 있었죠. 고객님께서 찹쌀 주먹밥에서 이물질이 나왔다고 저에게 봉투에 담아 보내져 왔습니다. 봉투를 열어보니 손톱크기의 노란 쇠 부스러기가 있었는데 직감적으로 금이라는 걸 느꼈지요 저울에 달아보니 1돈 정도였습니다. 정확한 확인을 위해 치과를 방문하였습니다.

간호사 선생님에게 사정 얘기를 하고 봉투에서 꺼내 보여주자 어금니 모형으로 박힌 금을 가리키며 "이런 식으로 금이 붙어있던 겁니다."라는 확답을 들었습니다. 바로 고객에게 연락하여 해명하니 수거해간 금 이빨 사건입니다.

또 다른 고객님도 계셨죠.

"사람이 하는 일인데, 단지 다른 뜻은 없고 성심당이 잘 되길 바래서."라며 환불 처리를 극구 사양하셨습니다. 더러는 이런 고객의 격려에 일하는 저로서는 더욱 송구하고 좀 더 이물질이 나오지 않도록 신경을 바짝 써야겠다는 책임감이 들었습니다.

식품업에 종사하면 컴플레인은 예측할 수 없는 불청객으로 언제 나타날지 모르는 불가피한 존재로 치부합니다. 그러나 우리는 그런 문제점을 사전에 최소화하는 게 최선책이 아닐까 합니다. 우리 회사는 컴플레인으로 인한 패널티가 있지만, 반대로 사전 이물질 발견 시에는 포상제도가 있죠. 오늘도 꼭꼭 숨어버린 이물질과 술래잡기를 하는 우리 C.K 직원들의 수고에 깊은 감사를 드립니다.

꿈은 ☆

이루어진다
Dreams come true

🍊 오정동 둥지 틀기 (1)

3월의 오정동은 떠나려는 동장군과 푸르름에 새 생명의 줄다리기로 조석에 기온 차이가 널뛰고 있었습니다. 새로이 짖게 될 C/K(Control Kitchen) 장소인 물류자재 센터 안으로 들어서니, 웅장한 실내 농구장 크기 정도의 장소가 보였습니다. 은행동 현장의 기계 시설과 업장 구조를 머릿속으로 클로즈업시켜 분필을 이용하여 바닥에 밑그림을 그리기 시작하였습니다. 한참을 하다 보니 머리가 자꾸 갸우뚱거리는 이유가 뭘까요? 간단하게 생각했던 배열이 마치 미로의 게임 마냥 미궁에 봉착하였습니다. 몇 일을 마포 걸레로 지우고 긋기를 반복한 밑그림 작업에 심신이 지쳐 갔지만 각고 끝에 밑그림 작업이 완성되었습니다. 그걸 토대로 설계도를 완성하게 되었습니다. 상무님

께 보고 드리고 설비업체와 미팅과 수정을 반복하여 완성된 설계도를 바탕으로 공사 스케줄을 3개월 정도로 잡았습니다. 빠르게 공사가 시작되었지요

천장과 벽체를 필두로 하나, 둘 벗겨지고 구조물을 지탱하는 쇠기둥만 덩그러니 남았습니다. 창 너머로 흐르는 내천이 보이자, 답답한 마음까지 뻥 뚫리는 기분이 마음까지 시원함을 느꼈습니다.

맨 처음 공정이 위크인 냉장고였습니다. 냉장고의 터를 잡고 철제 앵글을 버팀 목 삼아 판넬로 냉장고 틀을 지었습니다. 곧이어 진행되는 배수와 트렌치 작업을 시행하면서 상수도 연결작업이 진행되었습니다. 마치 사람의 혈관처럼 복잡해 보이지만 필요한 부분에 맞게끔 한치의 오차도 없이 정교하게 배관 작업이 이뤄졌습니다.

은행동과 오정동을 수시로 왕래하면서 작업현황을 지켜보았습니다. 바닥에 방수액을 바르고 이틀 후 하중을 줄이기 위하여 압축 단열재를 깔았습니다. 또다시 이틀후 레미콘 믹서 통에 연결된 커다란 호스로 콘크리트 반죽이 2층 창 너머로 뿜어내기 시작했습니다. 설계했던 배치 도면과 땀방울 흘린 흔적까지 사정없이 묻혀버렸지요.

장화 차림의 인부들은 염전의 염부처럼 흩어져 반죽된 물을 골고루 바닥 펴는 작업을 했습니다. 평평해진 바닥 위로 듬성듬성 수도 밸브와 트랜치가 양생(말리기)을 기다리는 망부석이 되어 제 자리를 굳건히 지키고 있었습니다.

3주간의 기다림 끝에 바닥은 돌처럼 단단해졌습니다. 단단해진 바닥을 버팀 삼아 소스, 야채, 육가공, 제면실 등 파트별로 구분 짓는 판넬 칸막이 작업과 함께 천장 작업이 마무리되자, 아담한 실내 체육관 한 동 크기의 공간이 완성되었습니다. 각 파트별 식품 기계, 조명시설, 공기 순환 급·배기관, 에어컨 등 전기 시설 작업까지 순조롭게 이어졌습니다.

🌰 오정동 둥지 틀기 (2)

　파트별 식품 기계 선정에 앞서 복수 견적으로 업체를 선정하였습니다. 입고 날짜에 대한 논의를 시작했습니다. 또한 확인되지 않은 기계의 성능 등에 관하여 이미 납품된 공장을 찾아가 기계의 기능과 응용에 대해 조언을 듣고 구매를 신청했지요. 작업대와 싱크대를 비롯한 전반적인 기구들은 제자리를 찾을 때를 대기하고 있었습니다.

　우여곡절 끝에 제1차로 11월 14일, 제2차는 15일, 이틀에 걸쳐 이사계획을 잡았습니다. D-day로 정한 날짜에 맞춰 모든 직원이 출근하여 이사는 어김없이 순차적으로 빠르게 진행되었습니다. 누구나 한 번쯤은 새로운 집으로 옮겼던 그 벅찬 느낌을 알 것입니다. 저 또한 새로운 환경

에 접하니 기대와 마음이 설레였습니다.

 메인 스위치를 올리자 실내가 환하게 비쳐주고 기계 전원을 켜자, 기계작동의 우렁찬 울림이 가슴 뭉클하게 했습니다. C/K 슬로건인, "성심당의 심장! 새로운 새출발!"을 알려줌에 새 희망의 장을 열게 되었습니다.

 11월 22일, 대표님을 비롯하여 임원과 직원이 참석한 가운데 개소식이 열렸고, 대표님께서는 직원들의 노고를 치사(致辭)함과 금일봉을 수여하셨습니다. 아울러 삼겹살 파티까지 이어졌지요.

 금일봉 일부를 다음날 모든 직원의 점심 식사에 떡을 덤으로 제공 할수 있었습니다.

 관심을 갖고 아낌없이 격려 해주신 임직원, 부서장님들

께 거듭 감사드리며 늦은 시간까지 이사 준비를 해주신 직원들에게 감사드립니다. 아울러 항상 현장에서 두문불출하며 이끌어 주신 박 상무님께도 고마운 말씀을 전합니다. 새로운 도전의 터전이라 생각하니 가슴 벅찬 감정이 솟아 올랐습니다.

앞으로 C/K가 성심당의 튼실한 심장으로 새롭게 성장한 시스템을 갖고 심장부로써 심장과 맥박이 팔딱팔딱 움직이게 될 것입니다. C/K의 새로운 출발을 모든 성심인께서 한마음으로 응원해 주시길 부탁드립니다.

🍊 일하여 얻어라

 35년 전 호텔(프랑스) 식당에서 근무한 적이 있었습니다. 동갑내기 친구는 내게 의지하며 편한 업무에만 치중하는 습관으로 선배들의 눈총을 자주 받곤 했습니다.

 어느 날 그 친구가 저에게 "너는 과장님에게 그렇게 혼나면서도 견디어 내는 비결이 뭐냐?"라고 물었습니다. 그는 과장님의 옆에만 있어도 떨리고 자신감이 떨어진다는 것입니다. 군대식 조직 사회 시절 상사에게 꾸중을 들으면서 일을 배웠지만, 이 친구는 항상 일에 대한 편식이 심하였던 것입니다. 직업상 기술직이건만 일에 대한 두려움에 직급에 맞지 않는 업무를 하였습니다. 결국 그 친구는 몇 달 만에 호텔을 퇴직하였다는 소식을, 내가 다른 호텔로 이직 후 선배를 통해 듣게 되었습니다. 선배님들은 항상 일이 쎄고 바쁜 곳에서 배워야 내공이 강해진다고 강조하였습니다.

 어릴 적 어머니께서 해주신 음식을 맛나게 먹고 난 후 "맛있다"라고 표현하면 어머니께서는 "맛있는 줄 아는가

벼"라고 응수하셨습니다. 항상 집안 일손이 바쁠 적에 뒷걸음질 치며 뺀질거리는 저를 두고 말씀하신 것입니다. 훗날 제가 직장(요리) 생활하면서 어머니의 그 말씀의 뜻을 알게 되었습니다.

문득, 성경 구절이 생각납니다.

"일하기 싫거든 먹지도 말라"

지금 현장에서 일하면서 자신들의 자화상을 돌아봐야 하지 않을까요? 혹시 동료들에게 나의 일을 미루고 있지는 않은가요?

동료들에게 민폐를 끼치고 있지는 않은지 돌이켜 보세요.

🍪 끝없는 배움

호텔에 신입사원으로 입사했던 6개월간은 곤혹스러웠습니다. 쉬는 날 빼고는 교육일지를 매일매일 써야 했습니다. 선임 조리사의 일지 검토와 업장 책임자를 경유하여, 총주방장의 결재와 코멘트를 받았습니다. 교육일지를 썼던 6개월의 기간이 끝난 다음, 과제에 합격한 사람만 필기시험을 볼 기회를 줍니다.

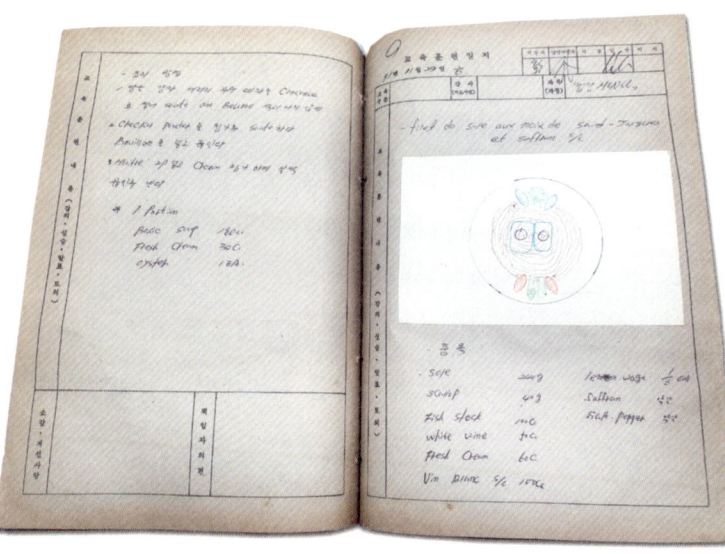

호텔 용어(영어), 호텔에 대한 지식(객실 단가, 각 업장의 식사 단가, 고객에 대한 예절 등), 실무 조리 실기 등 듣기만 해도 머리가 지끈지끈 아팠지요. 시험 날짜가 다가오면 밤을 새워 공부를 해야 했습니다. 그래서 나는 다른 호텔에서 웨이터로 근무하는 친구에게 부탁하여 벼락치기로 영어 공부를 함께 했습니다. 왜냐하면, 점수가 미달 되면 정식직원으로 발령이 나지 않아 경력이 단절되고, 상여금을 못 받고 급여는 80%만 지급되어, 비정규직으로서 차별을 받기 때문이죠.

시험에 합격하여 정식직원이 되었어도 마음을 놓을 수가 없었어요. 교육, 세미나, 토익 시험 등 자기 계발의 끈을 놓아주지 않았습니다. 오죽하면 우리들 사이에서는 호텔에서 근무하는 게 아니라, 장학금 받으면서 학교 다닌다는 푸념까지 했을까요. 또한 몇 번 시험에 불합격하여 스스로 사직하는 동료들도 부지기수였습니다. 그래서 당시 특급호텔에서 1년 이하의 경력은 능력 부족함의 척도가 되어버렸습니다. 물론, 이런 체계적인 단련의 과정이 있었기에 훗날 나 자신의 능력을 키워 나갈 수 있었겠지요.

아마추어와 프로의 세계는, 어떤 직업이라도 냉엄한 기준의 차이라고 생각합니다. 아마추어는 실수해도 이해하는 반면, 프로는 개인성적을 고려하므로 다음 계약을 할 때 연봉 삭감이라는 치욕을 얻게 됩니다. 프로의 세계는 현실에 접목하여 냉정하니까요. 지금 우리가 다니고 있는 직장에서도 그러지 않을까요?

이제 세상은 무한경쟁의 시대에 접어들었다고 합니다. 음식의 다양한 영역도 이미 경계가 허물어진 지 오래되었습니다. 우리 성심당이 직원들의 능력을 키우려고 이런 시스템을 밟고 있는 점은 개인은 물론 회사의 발전에도 바람직합니다.

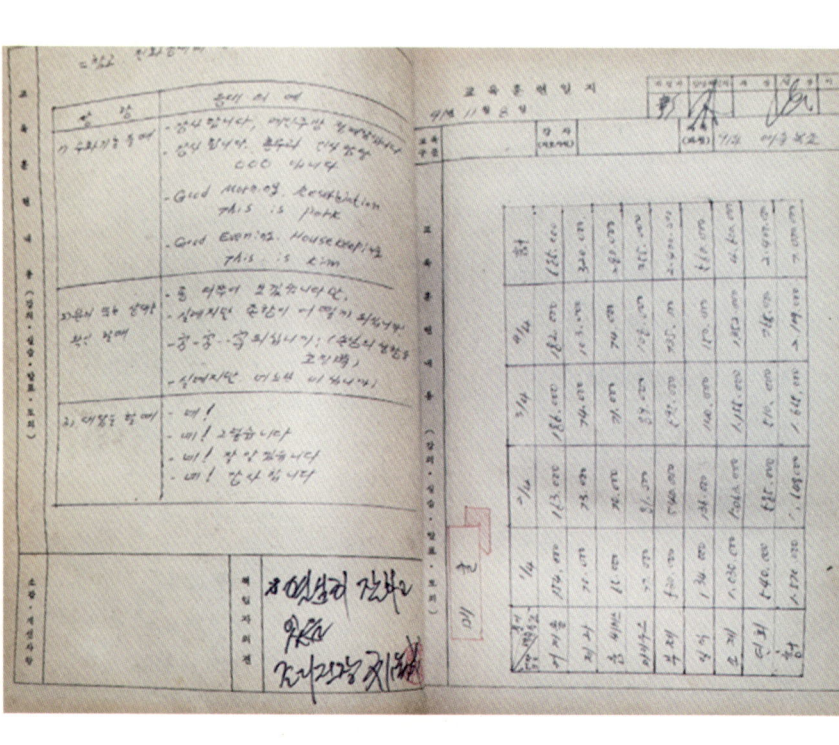

2.4(화)에는 5층 무지개 광장에서 외식사업부 직원들을 위한 전문교육이 있었습니다. 외부 강사를 모신 "조리 기초이론 교육"이었습니다. 저도 여러 대학교의 조리과 초빙 강사로 나간 적이 있었지만, 수강하는 직원들의 입장에서는 다소 생소하게 느껴졌을 것입니다. 그러나 알고 있었더라도 복습하는 시간은 유익했습니다. 배움에는 경력과 나이가 무관하니까요.

우리 외식사업부에서 해마다 진행하고 있는 '조리 스터디'와 '와인 스터디'의 교육 프로그램은 현장에서의 부족한 부분을 배울 수 있는 자기 발전할 기회입니다. 외식뿐만이 아니라 제과, 제빵을 다루는 성심인 모두가 관심 있게 참여하시면 훗날 값진 무형의 재산이 되지않 을까요.

🍙 배움의 나들이

봄이 바로 눈앞인데도 추위가 며칠째 기승을 부리고 있습니다. 이런 변화무쌍한 날씨에는 생태계의 지각변동마저 꿈틀거립니다. 모처럼 서울 나들이에 시샘이라도 하듯 매서운 한파가 자연스레 몸을 움츠리게 했습니다.

그렇지만, 우리(재민 차장, 종범 과장)는 추위를 뚫고 샌드위치와 샐러드에 관한 동정을 살피기 위해 서울행 KTX를 탔지요.

서울은 30년 전이나 지금이나 사람들의 역동성은 변함이 없었습니다. 서울역 대합실 안의 〈파리크라상〉의 시그니처 매장을 첫 번째 방문지로 선택했습니다. 깨끗한 업장에 들어서니 빵 굽는 내음이 코끝에 와닿아 침샘을 자

극했어요. 우리 성심당 본점에서 낯익게 보아온 마케팅의 일부인 쇼윈도에서 빵 굽는 직원들의 분주한 모습이 눈에 띄었습니다. 적은 평수임에도 대합실의 특수성 때문인지 고객들로 혼잡했습니다. 진열된 제품 중 깔끔하게 진열된 햄&에그에멘탈치즈샌드위치를 담은 더블 케이스가 맘에 들어 키오스크로 구매했지요.

 이어서 지하철 한강진역에 위치한 〈패션5〉를 방문했습니다. 이른 오전임에도 진열대에는 다양한 제품이 진열되어 있어 참고를 할 수 있었고요, 서울역보다는 유동 인구가 한산한 편이어서 투어 하기에는 괜찮았습니다. 입구로 들어서니 딸기가 주재료인 다양한 케이크들이 상호에 걸맞게 화려하면서도 아기자기한 모양을 진열 쇼케이스에서 뽐내고 있었지요.

케이크 쇼케이스를 지나 안으로 들어서니 샐러드와 샌드위치, 스프, 1회용의 다양한 드레싱이 판매되고 있었습니다. 전자렌지를 이용하는 스프 판매는 또 다른 이슈였습니다.

강남으로 이동하여 〈키친 콤마〉라는 체인 매장을 방문했습니다. 아담한 매장은 샐러드류 외에 식품(완제품) 진열 쇼케이스가 자리를 잡고 있었어요. 계산대에서 컵라면을 판매하는 것이 흥미로웠습니다. 피클류 샐러드식 김밥을 보며 전형적인 분식점을 업그레이드한 느낌을 받았고요. 샌드위치 반, 샐러드 반으로 구성된 제품은 중식의 짜장 반, 짬뽕 반을 연상시키는 참신한 메뉴였습니다. 그래서 샐러드에 감초인 당근 라페(Rappe)를 구매하여 시식

을 해보았지요. 연한 신맛이 모든 식재료에 조화로움을 주는 맛이었습니다.

〈키친 콤마〉를 나와 택시로 10분 달려 이동한 매장은 〈그린 레서피〉라는 골목상권이었습니다. 그곳은 우리 회사가 추구하는 '에코 정신'인 친환경 용기 사용을 마케팅으로 내세우고 있었습니다. 다른 매장과 다르게 주문에 의한 웜 샐러드가 인상적이었어요.

비록 짧았던 이번 출장을 평가하자면, 서울 지역은 매장마다 경영방식과 메뉴 또한 다양했지만 크게 보아 대동소이했습니다. 둘러본 결과 바쁜 일상에서 혼밥 시대의 한 끼 식사 또한 간편한 서양식으로 우리 식습관도 빠르게 변해가고 있음을 알 수 있었지요.

샐러드라고 하면, 누구나 채소를 먼저 떠 올립니다. 그러나, 기존의 틀을 깨고 탄수화물(곡류), 단백질(육류, 치즈)과 채소의 어우러짐은 영양소가 알찬 식사로 충분합니다.

투어를 마치고 내려오는 열차 안에서 초고령화 시대로 접어든 지금은 김치, 나물, 장아찌 등 전통 식재료를 이용한 K 한류의 샌드위치나 샐러드의 개발이 필요하지 않을까? 라는 생각이 들었습니다.

🐝 전시회를 마치며…

해마다 이맘때가 되면 고민에 빠집니다. 전시해야 할 작품의 구상 때문이지요. 대전시가 주최하고 한국산업인력공단 (사)대전광역시 명장·장인협회가 주관하여 올해로 16회째 명장·장인전 행사가 9월 17일 오후 3시 대전 예술가의 집 3층 전시실에서 열렸습니다. 다양한 분야의 명장 장인 30인이 심혈을 기울인 작품 300여 점이 전시되었습니다.

저는 락토 오브 베지테리언(우유, 유제품을 섭취하는 채식주의자) 5코스를 메뉴로 정하였습니다. 그간 틈틈이 생각하고 준비해 왔었기에 작품은 하루 만에 완성할 수 있었죠.

그런데, 출품 당일 새벽부터 얄궂게 장대비가 내렸습니다. 갑자기 머리에서 쥐가 난 듯 멈칫했었죠. 이런 날씨에는 작품을 전시장까지 이동하는 것도 문제이지만, 요리

해놓은 작품(음식)이 습기로 인해서 코팅된 아스픽(젤라틴) 처리된 모양이 부자연스럽게 흐트러질 수 있습니다. 그래서 완성된 작품을 상자에 담고 비닐을 덮어 안전하게 포장하여 옮겼습니다.

전시장에 도착했더니, 다행스럽게도 환풍시설과 에어컨이 적당한 온도를 유지해 준 덕분에 마음이 놓였습니다. 정말이지, 음식 전시 작품은 날씨에 아주 예민하여 습기나 더운 온도에는 아주 취약하죠. 이럴 때는, 음식과는 전혀 다른 분야의 작품들이 부러워지기까지 합니다.

이미 다른 분들의 출품작이 모두 전시되었고, 저는 전시(음식) 특성상 마지막 순서로 작품을 내보였습니다. 곧바로 행사를 알리는 안내방송에 따라 이동하였습니다. 많은 내빈 축하객과 지역 구청장님 모두가 참석한 가운데, 부시장님의 축사가 끝나고 참석자 모두 기념 촬영 후 작품관람 순으로 진행되었습니다.

하나하나 전시 작품에 관한 출품자들의 설명을 들으며

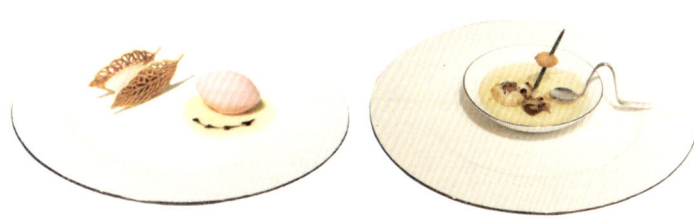

발걸음을 옮겼죠. 아무리 AI 첨단기술 시대라고 하지만, 작품을 이해하면 할수록 명장·장인들의 손끝에서 풍기는 경이로움이 아직은 기기가 넘지 못하는 영역 같았습니다.

역시 땀과 시간은 인간을 배반하지 않는다는 말이 작품 곳곳에서 느낄 수 있었죠. 각 분야의 혼이 담긴 작품 속에서 기술의 정상까지 묵묵히 걸어 온 명장, 명인들의 노고에 감탄하지 않을 수 없었습니다.

저에게는 한해 한해 작품을 전시하며 배움과 연구의 시간을 갖게 하는 뜻깊은 전시회로 기억됩니다. 바쁘신 와중에도 관심과 격려로 찾아와 주신 C,K 가족분께 감사드립니다.

위대한 도전

 우리나라 경제 성장기를 이끌어온 현대그룹의 창업자 고 정주영 회장님을 떠올려봅니다. 어떠한 난관이라도 뚝심 있게 밀어붙인 불도저식 경영으로 유명했지요. 수많은 업적을 남기셨지만, 저에게 배움을 주셨던 것은 바다를 메워 육지를 만들었던 일입니다. 서산 앞바다 천수만을 매립하는 간척지 공사는, 현대건설이 1980년 5월 공사를 시작해서 1995년 8월 완공하여 한반도의 지도를 새롭게 만들어 경제부흥에 이바지했습니다.

 공사할 당시 바닷물의 유입을 막으려던 방조제 건설이 난관에 부딪혔죠. 둑을 쌓아야 했는데, 아무리 큰 돌들을 퍼부어도 거친 물살에 휩쓸려서 그야말로 '한강에 돌 던지기'였다는 것입니다. 이때 그분께서 아이디어를 냈습니다. 고철로 사용하기 위해 수입했던 23만 톤짜리 초대형 유조선에 물을 가득 채워서 물막이 둑과 둑 사이에 바짝 붙여 가라앉히라는 지시였답니다.

 그런데 임직원 모두가 부정적 의견을 올리자, 정 회장은 직원들을 향해 "당신들이 해보기나 했어!"라고 일침을 가

했습니다. 결국은 정 회장님의 발상대로 가라앉게 된 유조선이 물의 유속을 크게 늦춘 사이 공사가 순조롭게 마무리됐습니다. 이 쾌거는 훗날 토목공학계에서 '정주영 공법'으로까지 불리며 타임지에 소개되었다고 합니다. 또한 영국 런던의 템즈강 하류 방조제 공사를 맡은 회사가 이 방법에 대한 자문을 현대건설에 구하기도 했습니다.

강아지를 목줄로 묶어 놓아 키우면 성견이 되어 목줄을

풀어주어도 그 자리만 맴도는 모습을 본 적이 있습니다. 어렸을 때부터 늘 묶여 있던 버릇에 사로잡혔던 것입니다. 어느 날 우연히 모가지를 옥죄는 굴레를 벗어나 자유를 얻게 된 사실을 뒤늦게야 깨달았을 것입니다.

혹시, 우리는 지금도 옛날 방식에만 의존하는 미온적 사고를 갖고 있지는 않나요? 늘 손에 익혀진 습관, 버릇 따위의 타성에 젖어 새로운 것을 무시하지는 않나요? 낡은 것들이 끊임없이 새로운 환경에 도전받고 있는 변화의 바람을 우리 주위에서 심심치 않게 볼 수 있습니다.

지금 제가 근무하는 곳에서도 생소한 식품 기계보다는 익숙한 방법을 선호합니다. 그러나 새로운 기계가 당장은 낯설고 불편하지만 반복적 훈련에 생산능률이 높다는 사실을 알게 될 겁니다. 머지않아 모든 시스템이 점점 기계화될 것입니다.

그렇습니다. 당장 불편한 새로운 것을 받아들인다는 일이 쉽지가 않습니다. 그러나 우리가 사용해 보지도 않고 미리 안 될 것이라는 편견에 사로잡혀 있지는 않았는지 곰곰이 생각해야 합니다. 위에서 언급한 두 가지 사례처럼 말입니다.

🍯 더 높은 곳을 향하여~~

 입사 한 달 전이었습니다. 대표님의 배려로 2024년 이맘때쯤 초대를 받았지만, 아는 사람 없는 행사장에 참석하기란 낯선 분위기에 불편한 자리였죠. 어찌 되었던지, 미리 예방주사를 맞는 셈 치고 행사에 참여한 덕에 올해는 한결 수월하게 적응하였습니다. 해마다 겨울과 봄 계절의 자리다툼이 심한 2~3월에는 대부분의 회사에서 진급자 발표로 술렁거리죠. 우리 회사도 다를 바 없었을 겁니다.

 행사 시작 전에 둔산동 〈킹덤 뷔페〉에 도착하였습니다. 직원의 안내를 받아 홀에 들어서니 이번 행사를 준비하는 총무과 직원들이 분주하게 움직이고 있었지요. 커다란 홀에는 이미 몇 명의 직원들이 듬성듬성 앉아 있었습니다.

 시상대 위로 〈2025년 로쏘(주) 진급자 임명장 수여식〉 현수막이 작년과 연도만 바뀌어 똑같은 위치에 자리 잡고 있었지요. 이렇듯 일 년이란 시간이 빠르게 흘러감을 새삼스럽게 느꼈습니다. 대표님을 비롯하여 임원진, 부서장들의 참석하에 그 넓던 홀 안이 많은 직원들로 가득 채웠

졌죠. 마치 무리 지은 백조의 재잘거림처럼 홀 안이 소란스러웠으나 사회자가 진행을 알리자 이내 숙연해졌습니다. 이번 진급자는 총 177명, 우리 회사의 10%를 약간 밑도는 직원들이 한해의 결실을 얻은 셈이었죠.

대략 한 시간에 걸친 임명장 수여식 내내 저에게는 고통이었습니다. 며칠 전부터 컨디션이 좋지 않았거든요. 그러나 빛나는 행사의 자리를 뜰 수는 없었습니다. 1부 행사가 끝나자, 2부에 있을 식사를 뒤로하고 행사장을 급히 빠져나왔습니다. 병원으로 달려가 주사를 맞고서야 고통이 멎었지만 말입니다.

대부분의 조직사회는 피라미드구조입니다. 높이 올라갈수록 자리의 숫자가 적어집니다. 그래서 진급은 냉정하죠. 근무연한이 아닌 조직에 대한 헌신과 인성은 물론, 업무 수행 능력의 결과를 보며 선임자나 부서장의 추천을 받아 회사는 적합 판정을 하게 됩니다.

진급은 직장생활에서 노력의 결실이자 자부심을 얻게 되는 일입니다. 더러는 자신의 기대와 다르게 진급에 누락되어 상처를 받는 직원들도 있지요. 그러나 낙심하는 것보다 한 해의 고배(苦杯)를 거울삼아 각자의 부족했던 능력을 잘 키워 나가다 보면 분명히 결실을 얻게 되지 않을까요. 때에 따라서는 빠른 진급이 자칫 잘못하여 독이 될 수 있는 경우도 있습니다.

또한 직급이 오를수록 많은 경쟁자들 틈에서 살아 남기 위해서는 업무능력과 리더십이 탁월해야 합니다. 직장에서는 올라가면 올라갈수록 책임감 있는 자리를 보존하는 게 만만치 않으니까요.

많은 땀방울을 훔치며 힘들어하던 얼굴들이 오늘만큼은 참석한 모든 이가 자주 하얀 이를 들어내어 웃는 모습들이 보기 좋았습니다. 현장에서도 늘 이와 같은 분위기가 이어졌으면 하는 바람입니다.

진급하신 177명 모두가 더욱 빌드업하여 과거보다는 좀 더 주인의식을 가질 것이라 믿습니다.

"정성 어린 손맛을
대전 시민의 건강으로"

40여 년 조리 분야에 종사하며
2012년 세계조리사대회(Wacs) "면" 요리부분 수상.
다수의 특허(20건)로 대전 시민의 입맛을 다양하게 해드리고
어려운 이웃에게는 정기적 무료급식 봉사활동으로 마음을 위로하는 조리사

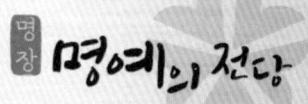

대전광역시
명장 제6호 요리 '최창업'

🌸 꿈은 ★ 이루어진다

5월 20일은 제가 조리사 일을 시작한 지 꼭 40년째입니다. 건강하게 쉼 없이 달려온 오늘만큼은 스스로에게 뿌듯함과 감사하며 애 많이 썼다고 위로하고 싶습니다.

40년전 그해 서울로 떠나는 5월의 하늘은 유독 진한 푸르름이 더했습니다. 어머니는 나의 속옷과 옷가지를 말없

이 챙기시고 따라오셨습니다. 가족의 품을 떠나는 저를 위해 버스 정류장까지 오셨던 그 장면이, 오래전 돌아가셨음에도 눈에 선합니다. 꼬깃꼬깃 접힌 만 원짜리 다섯 장을 제 손에 쥐여주며 눈물을 훔치신 어머니!

촌놈의 서울 상경은 그렇게 시작되었지요.

제가 물어물어 찾아간 곳은 강남의 중심지 제일생명빌딩 뒷골목이었습니다. 상호가 〈창고〉인 뮤직 레스토랑이었는데 우리나라의 대표 작곡가인 길옥윤 선생님이 운영하셨지요. 저는 항상 섹스폰의 리듬에 따라 생소한 재즈 음악을 들으며 주방일을 처음 시작했습니다.

개인 업소라 근무 환경이 무척 힘들었습니다. 객지에서 온 저는 그나마 숙식을 제공받아 우선 경제적 걱정을 덜었지만, 쉬는 날 없이 오로지 먹고 자고 일하는 생활의 연속이었지요. 더욱이 건물 지하에 있는 업소이다 보니 낮과 밤의 구별은 영업시간의 시작과 끝으로만 알 수 있었습니다.

그렇게 일 년을 버틴 후 우리나라 최초의 패밀리 레스토랑인〈투모로우 타이거〉로 이직하였습니다. 주방 직원들이 전보다 훨씬 많았고 한층 세련된 일본의 외식 시스템으로 배울 점이 많았습니다. 더욱이 또래 친구가 많아 힘들 때는 서로 의지할 수 있어 좋았습니다. 다양한 메뉴로 기초적인 양식 기술을 배웠지요. 그곳에서 4년 경력을 쌓았던 것이 1급 호텔로 이직하는 발판이 되었습니다.

2년 후 선배의 추천으로 요리의 다양한 패러다임이 급속도로 변화되는 특급호텔로 이직했고요. 본격적으로 배움의 길을 걸을 수 있었습니다. 특급호텔은 체계적인 조직이라 근무시간이 여유로웠지요. 그래서 쉬는 날만 되면 기술 동냥(?)을 얻기 위해 음식에 관련된 곳(한정식, 뷔페, 예식장. 오픈집 등)을 찾아 무보수로 배움을 차곡차곡 쌓아나갔습니다. 심지어는 설탕 공예나 아이스 카빙, 과일 카빙까지 당장에 써먹지 않을 배움까지 놓지 않았으니까요. 어느 직종이나 그러듯 요리에 배움의 끝은 없었습니다. 지금도 진행형이니까요.

요리의 결과물은 숙성이 필요합니다. 10년, 20년, 혹은 30년 후에 결과를 얻는 경우도 있습니다. 분명한 사실은 노력의 대가는 절대로 자신을 배반하지 않는다는 겁니다. 제가 대전광역시 요리 명장으로 선정되는데 30년이란 긴 시간이 걸렸으니까요.

2018년 우수 숙련기술자 신청서

분야명 : 서비스
직종명 : 요리

소속명 : 유성관광개발(주) 조리실
신청인 : 최 창업

접수번호 :

2019년도 대한민국

분야명 : 조리
직종명 : 요리

소속명 : 유성관광
신청인 : 최 창업

    살다 보니 당장의 물질적 재물을 추구하기보다는 기술적 경제가치가 더 크다는 사실을 알았습니다. 지금 우리의 자화상을 보십시오. 당장 눈앞의 돈에 얽매여 일하고 있습니까? 아니면, 기술 역량을 얻으려고 노력하고 있는가요?

당연한 건 없다

Nothing is taken for granted

🫐 시간의 온도 차이

 24시간은 누구에게나 무상으로 주어지지만, 어떻게 쓰느냐에 따라 실패한 삶 성공한 삶으로 나눠집니다. 한 번 지나면 되돌릴 수 없는 게 시간입니다. 그렇기 때문에 시간에 지배당하지 않고 지배하는 습관을 키워야겠습니다.
 유독 어느 날은 시간이 빨리 간다는 걸 누구나 한 번쯤 느껴 본 경험이 있을 겁니다. 시간이 빨리 간다는 건 어떠한 일에 몰입하여 진행한다는 뜻과 일맥상통합니다.

관점의 차이에 따라 느낌이 다름을 알 수 있습니다. 어떠한 드라마나 영화를 볼 때, 훅-하니 마지막 자막을 맞이하게 되며 우리는 "시간 가는 줄 모르고 보았다"는 표현을 하게 됩니다. 몰입하여 재미있게 감상했다는 뜻입니다.

어떠한 일에 집중하여 빨리 시간이 흐르는 현상은 우리의 뇌가 '흥미롭다, 재미있다'라고 느껴지는 현상이라고 심리학자는 말합니다. 우리가 근무하고 있는 현장에서도 그런 경험을 간혹 느낄 때가 있었을 것입니다. 그런 느낌을 느꼈다는 건 직장생활에 열정을 가지고 재미있게 생활하고 있다는 뜻이 아닐까요?

더러는 컨디션이 좋지 않아 시간이 빨리 지나가길 바라며 이 자리를 벗어나고 싶어 합니다. 그럼 나는 그런 직원을 향해 농으로 시계를 입으로 불어보라고 합니다. 똑 같은 일이라도 각자의 시간에 따라 느낌은 다른 것 같습니다. 성심인 여러분은 오늘 어떤 느낌으로 하루를 보내셨을까요?

🍃 당연한 건 없다.

　새벽에 목욕을 즐기는 버릇이 30년이나 되었습니다. 그러니까 새벽 목욕에 매료되기 시작한 건 순전히 호텔에서 근무했던 덕분이었죠. 호텔의 온천 목욕탕은 새벽 5시 어김없이 문을 열었습니다. 더구나 온천물 목욕 덕분에 피부가 좋아졌다는 얘기를 종종 들어온 터였고요.

　문도 열기 전에 목욕탕 입구에는 30~40여 개나 되는 준비물을 넣은 바구니가 줄지어 있었습니다. 각자의 목욕 바구니가 고객을 대신하여 입장 순서로 잡아놓았던 것입니다. 오래된 그들만의 규칙입니다. 벌써 미리 와서 삼삼오오 무리를 지어 담소를 나누고 있었죠.

　나는 낯익은 남성 단골 고객들에게 눈인사를 하고는 당당하게 목욕탕에 입장을 했습니다. 대기줄에 서있는 목욕객들의 부러운 시선을 느끼면서 말입니다. 일종의 직원에게 주는 특혜인 셈이죠. 호텔에 근무하는 직원들에게는 무료 목욕 카드와 가족에게도 주 4회 목욕 무료권이 지급되었습니다.

이런 호사도 호텔을 떠나면서 사라졌지요. 그 후에는 동네 목욕탕에 다니면서 당연하게 온천물에 몸을 담았던 그때의 호텔 목욕이 아쉽게 떠올랐습니다.

"줄 서지 않고 케이크 사는 방법 좀 알려달라."
"빵 좀 사서 보내 줄 수 없겠어?"
"직원들에게는 싸게 사는 할인권이 있냐?"
성심인이면 거의 누구나 지인들에게 이런 부탁을 한 번쯤은 들어 봤을 겁니다. 웬만한 회사라면 여건에 따라 복지 차원에서 직원들에게 지원을 해주는 혜택이 있습니다.

우리 성심당도 직원에게 생일 케이크 쿠폰, 한 가족 할인 쿠폰 등이 있습니다. 그러나 일반 사람들이 당연히 생각하는데 없는 게 우리 성심당은 딱 한 가지가 있습니다. 케이크나 빵을 구매할 적에는 고객님들처럼 똑같이 줄을 선다는 겁니다.

그걸 알 리가 없는 지인들은 가끔 그런 부탁을 합니다. 그러면 저는 부탁한 지인에게 되받아서 이렇게 말해 줍니다.

"내가 모든 거 다 팽개치고 새벽부터 줄을 서서 사줘야지."

그러면 부탁했던 십중팔구의 사람들은 제 말의 뜻을 알아듣습니다.

위의 두 사례에서 보듯 우리는 일상 속의 아주 작은 일에서도 당연하게 느껴지는 사례가 아주 많습니다.

더 범위를 넓게 크게 볼까요? 물, 공기 등 자연이 우리에게 언제나 베풀고 있다고 당연하게 생각하고 있지만 자연환경은 끊임없는 사람의 보호와 관리가 되어야 가능한 일입니다. 무분별한 환경 오염은 지구의 재앙을 불러온다는 사실입니다.

당연함이 익숙해지면 자칫 잘못 판단하여 감사함을 잊을 수 있죠. 생명을 유지해 주는 맑은 공기의 감사함을 잊고 사는 것처럼 말입니다.

👁 의자를 생각하며

「밀가루 2포대의 기적」

「이웃과 나눔의 아이콘 가성비 최고 빵집」

「전국 최초 베이커리 레스토랑」

「빵집 최초의 어린이집 운영」

「노잼도시 대전을 꿀잼도시로 바꾸다」

「기하급수적인 매출」

「사회에 빛과 소금」

「사랑이 중심인 회사」

．

．

이렇게 빵 하나만으로 많은 경사스러운 수식어가 생겼고 또 생길 것입니다. 70년이란 세월 동안 오직 사랑으로 좋은 빵 만들기에 열성적인 노고로 최선을 다했던 성심인들이 있었기에 가능한 일이었다고 봅니다.

또 다르게 접근하자면, '의자의 철학'에서 얻어진 결실이라 감히 말씀드릴 수 있지요. 의자의 안락함은 지친 몸에게 휴식처를 내어줍니다. 의자의 무게를 지탱하게 해주는 역할은 균형 잡힌 수평의 구조 때문에 안정감을 주게 됩니다. 더 나은 안정감을 유지하자면 중추적 기능을 하는 이음매 부분을 수시로 점검하여 나사못을 야무지게 조여야 합니다. 그러나 의자의 형태가 보존되더라도 자칫 오랜 시간을 쓰다 보면 짜맞춘 부분과 이음새에 풀림 현상이 옵니다. 그 상태로 계속 사용하면 이음매가 마모되거나 나사가 풀어져 의자로서의 기능은 다 되었으므로 가치를 잃고 폐품 처리됩니다.

자, 지금 우리의 의자(현장)는 튼튼할까요?

오래된 의자처럼 이음새에 이상한 징후는 오지 않았을까요? 흔히 정신상태가 해이해졌을 때 '나사가 풀어졌다'라는 표현을 씁니다. 그런 표현이 나올 정도이면 정신은 이미 지쳐있다는 신호입니다. 한 곳에서만 오랫동안 근무를 하다 보면 불감증으로 업무에 소홀한 부분이 있을 수 있습니다. 우리는 스스로 오래된 의자가 되어 있지는 않는지 반문하고 자신을 되돌아보아야겠죠. 정신 줄을 바짝 당겨서 혹시라도 나태해져 있을지도 모를 자신을 단단하게 조임으로 성심당에 필요한 사람이 되어야 합니다.

문득, 이런 구호가 떠오릅니다. "닦고, 조이고, 기름치자!"

단순하게 공장에서 외치는 그런 구호의 의미가 아닙니다. 그래서 유비무환(有備無患)의 자세와 주위를 새롭게 바라보는 정신으로 항상 각자의 마음속 의자를 닦고 조이고 기름칠할 시기가 아닐지요. 성심인은 어느 근무부서를 막론하고 뻣심의 근성으로 이겨나가고 있다고 생각합니다. 그러기에 성심인들과 성심당이 동반성장하고 있는 것 아닐까요?

🍒 멀티플레이

 관리공단에서 시행하는 조리사 국가 자격 실기시험 감독으로 여러 번 심사를 한 적이 있습니다. 오래전에는 수험생이 많아서 하루 종일 한 종목에만 치우쳐 심사했었습니다. 그런데, 수험생이 점차 줄어들면서 오전에는 한식 부문, 오후에는 중식 또는 양식 부문의 시험을 감독해야 했죠. 시험감독의 조건으로는 심사해야 할 종목의 자격증이 있어야 했습니다. 그러다 보니, 관리공단 측에서는 점차 시험 감독관을 여러 종목의 자격 취득자에게 심사를 맡게 했지요. 그 때문에 일부 한두 개 부문의 자격 취득자는 감독관으로 제약을 받았습니다.

 요즘은 흔히들 어느 직종에 상관없이 멀티플레이어(multiplayer) 시대라고 합니다. 스포츠인 단체 구기종목에서도 보듯이 빠르게 변하는 현대 스포츠의 다기능 포지션을 소화하는 멀티플레이어 선수가 감독의 신임을 받는 추세이지요.

갈수록 영역의 경계가 없고 무한경쟁입니다. 우리의 업종 역시 다를 바가 없습니다. 호텔업계에 불황의 찬바람이 불자 인원 감축은 물론, 더욱 멀티플레이 시스템이 효과적인 운영 방법으로 떠올랐지요. 통합 시스템으로 양식부, 한식부 구분 없이 근무시간을 소화해야 하기에 빠르게 업무를 숙지해 나가야 했습니다. 처음엔 직원들이 각자 전공이 아닌 업무에 불평과 미숙함이 나타났으나 서서히 통합 시스템에 녹아들기 시작했습니다.

늦었지만 우리 C.K도 이제 멀티(multi) 화가 필요한 시기일 것입니다. 누구든지 파트(part) 이동을 하여도 능숙하고 프로답게 업무를 이행할 수 있어야 합니다. 가끔은 '나 아니면 안 된다. 나 때문에 현재 이 업무가 돌아간다.'고 착각하는 직원들이 있더라고요. 물론 조직을 위한 자존감이라면 모를까 큰일날 발상입니다.

제품을 생산할 수 있는 멀티 시스템 조직만이 무한 경쟁 사회에서 생존하는 법이라 생각합니다. 직원들은 회사의 방향성을 파악하고, 부서의 관리자가 추구하는 흐름을 빠르게 인지하여 적응하는 직원이 성공한 직장인이라고 생각합니다. 항상 하는 업무에 또 다른 업무가 추가 되면 누구나 버거워하거나 불만이 있는 건 인지상정(人之常情)입니다.

  그러나 어느 조직이건 결국 살아남는 직원은 멀티 시스템을 불평 없이 수용하고 노력하는 직원이더라고요. 우리는 혹시 현재의 자리에서 자칫 매너리즘(mannerism)에 빠져 있지는 않나 되돌아보았으면 합니다.

🍪 소통 부재의 비극

우리 성심당은 어느 업장 할 것 없이 웨이팅(waiting)이죠. 그로 인해서 업무가 바빠지면서 우리가 근무 중에 비슷한 일이 생길 수 있다는 까닭으로 예전에 있었던 이야기를 하고자 합니다.

오래전 호텔 주방의 마감 근무자가 하루 판매된 스테이크의 재고를 파악하여 근무일지에 기록했던 때였지요. 스테이크용 쇠고기 안심이 무려 열 덩어리나 사라지는 일이 벌어졌습니다. 30년전 시세로 대략 오십만 원은 족히 넘는 금액이었습니다. 당연히 업장 안에는 비상이 걸렸지요. 선임자의 불호령이 떨어져 주방 전체를 아무리 샅샅이 뒤져봐도 없어진 쇠고기는 오리무중이었습니다.

어쨌건 당장에 부족한 고기는 채워야 하니까 선임자의 주도 아래 직급에 따라 십시일반으로 돈을 모았습니다. 부랴부랴 서울의 유명한 마장동 축산물 도매시장으로 달려가 구매하여 재고관리 문제를 해결했었죠. 그런데 쇠고기 안심이 사라진 후 주방 안에서는 간간이 불결한 냄새가 나기 시작한 것입니다.

그토록 찾아 헤맸던 소고기는 바트에 담아진 채 냉장고 밑 틈새의 주방 바닥에 깊숙이 숨어있었죠. 검게 변하여 녹색을 띤 소고기 안심에서는 최악의 악취를 풍기고 있었지요. 어차피 폐기해야 함은 물론 그 과정에서 독한 냄새가 지워지지 않을 것 같아 조각낸 후에 푹 삶아서 처리했습니다.

추론해 보니 그 쇠고기 안심 사건의 범인은 며칠 전 실습을 끝내고 학교로 복직한 실습생의 실수일 거라는 심증만 남기고 일단락 지어졌지요. 왜냐하면 냉장고 바닥 안쪽에 넣어 두라는 선임자의 말을 주방 바닥 안쪽으로 넣어둔 실수였으니까요. 어처구니없게도 안심 술래잡기의 사건은 전달자와 전달받은 자의 확인이 부족했던 소통 부재에서 일어난 해프닝이었습니다.

상급자의 지시 사항을 재차 확인하고 실행하는 습관화를 우리 모두의 몸에 익혀야 하지 않을까요?

〔예시〕

"김 주임, 이거 손질하여 냉장고에 보관 해둬요."

"예! 대리님, 샐러리를 손질해서 비닐 포장하여 콜 냉장고에 보관하면 될까요?"

예시의 대화법처럼 실무자끼리 서로 확인하면 어떨까요? 상급자가 지시한 내용을 확인하고 실행한다면 사라진 소고기 안심사건 같은 실수가 없지 않았을까 생각합니다.

🍀 사표도 기술이다

까~톡

뜻밖의 이별을 알리는 말풍선 하나가 날라 왔습니다.

누구인가? 아무리 기억을 더듬어보아도 발신자는 아리송하여 나의 머릿속에서 좀처럼 끄집어내기가 힘들었습니다. 끙끙거리다가 불쑥 떠오른 아~ 그 직원이었습니다. C.K에서 수시로 만나면 늘 쾌활하고 밝은 미소를 지었던 타 부서에서 근무하던 그 직원이었습니다. 무척 긍정적인 사고방식의 소유자이기도 했지요.

그런데 내가 안타까움이 드는 이유는 왜였을까요? 직장에 근무하다 보면, 누구나 한 번쯤 사직이나 이직에 대한 고민을 생각해 보았을 것입니다. 저도 그런 시기가 있었습니다. 겨우 힘겹게 들어간 썩 괜찮은 호텔의 근무 4년 차였습니다. 매형으로부터 유모차 체인사업을 해보자는 제안이 들어왔습니다. 남도 아닌 매형이니 의심할 여지도 없고 금전적 수입은 물론이려니와 앞으로의 시장성에도 호감을 느꼈습니다. 욕망이 앞서서 호텔에 곧장 일주일 휴가를 얻어 현장 실습을 하였습니다.

그런데, 그런데 말입니다. 시간이 흐르면서 뭔가가 어긋난 느낌이 번개처럼 나의 머리를 스쳤습니다. 돈과 외부적 성공의 욕망에만 꽂혀서 일에 대한 성취욕을 생각하지 못한 것입니다. 먼 훗날 내가 나에게 적성에 맞는 길로 갔느냐고 물었을 적에 후회하지 않을 자신이 없었던 것입니다. 그래서 3일째 되는 날 거듭 고민하다가 포기하고 호텔로 복귀하고 말았습니다.

만약 그때 맹목적으로 욕망에만 매달려 매형의 말에 절대적으로 의존하여 사표를 냈다면 어땠을까요? 아마, 이것도 저것도 잘 안되었을 거라는 생각을 해봅니다. 제가 저에게 고마웠었고 참으로 다행스러운 결정이었습니다.

이미 그전에도 잘못된 판단으로 사표부터 쓰고 직장을 옮겼다가 낭패를 본 경험도 있었거든요. 두 번째라 심사숙고하여 실수 없는 현명한 판단을 할 수 있었습니다.

그렇습니다. 회사의 직원들 누구나 언젠가는 이직하게 됩니다. 그러나 스스로 결정하기 이전에 선배나 경험자들의 다양한 의견을 참고하여 결정한다면 예측 불가능의 변수가 줄어들겠지요. 뭐, 지금 당장이라도 직장을 떠나고 싶다고요? 그러므로 새로운 직장에서 현명하게 적응하여 보람있는 생활을 할 수 있다는 생각입니다.

 성질 급한 사람은 인생의 싸움에서 질 확률이 높습니다. 절대 도피성 이직은 후회막급입니다. 마음을 가라앉히고 생각할 시간을 가져보세요. 물론 현명한 판단은 각자의 몫입니다. 그러나 사표를 내는 일도 기술이라는 점을 명심하세요.

🍖 내 물건이 소중하다면…

 직장인들은 회식을 친교와 단합의 목적이며 근무의 연장으로 생각합니다. 이런 회식문화에 빠지지 않고 등장하는게 술입니다. 술과 환상의 파트너는 주로 삼겹살이 등장하죠. 유독 삼겹살은 한국인 정서와 입맛에 맞고 조리법이 단순하여 회식뿐 아니라 어느 장소를 불문하고 회식문화에 부동의 1순위입니다. 그러기에 삼겹살은 한국을 대표하는 최고 술안주가 아닐까요. 그러나 안타깝게도 회식의 말미에는 천덕꾸러기로 대접받기 일쑤더라고요.

 회식 자리를 떠난 자리의 불판을 보셨나요? 반쯤 남겨진 소주병과 맛깔스럽게 구워진 삼겹살이 선택받지 못하고 쓰레기로 남겨진 광경을 봤을 것입니다. 회사의 경비가 아닌 개인사비로 먹었을 때도 저랬을까 라고 생각하면 울화가 치밀어 머리를 쥐어박고 싶은 심정입니다. 일부 직원의 그릇된 소비성이 덤으로 환경 오염까지 일으킨다는 사실을 알까요.

호텔근무 시절의 일입니다. 사무실의 적막을 깨는 날카로운 소리가 귀청을 때리며 뒷덜미를 움켜잡게 했습니다. 소리나는 곳으로 가 보았습니다. 열 장은 족히 넘는 접시의 파편들이 충격을 말해주듯 넓은 주방 바닥의 여기저기 흩어져 있었지요. 산산조각 난 접시를 보고 얼굴이 사색된 직원에게 위로보다는 범칙금을 재확인시켜 주었습니다. 그릇을 깬 직원과 책임자인 제가 그릇값을 공동으로 투자(?)하여 깨진 그릇 수를 채워 놨습니다.

일을 하다보면 누구나 실수는 합니다. 허나 직원들의 무감각, 무책임한 정신상태를 고쳐주려고 써왔던 방법 중 일부였습니다. 또한 소모품인 내프킨, 이쑤시개, 회사 쇼핑백 등 회사의 소모품들을 개인 용도로 사용하지 않도록 직원들에게 주지시켰습니다.

 우리 회사는 무엇보다 위생을 중요시합니다. 그러므로 상당수의 소모품을 사용합니다. 천여 명의 직원이 하루 한 가지만 소모품 관리를 잘 해준다면 여러모로 유익할 것입니다. 아끼고 절약하면 회사 재정에도 적잖은 도움이 될 겁니다. 더불어 우리 회사의 '에코 정신'인 환경보호에 동참하는 의미도 있을 것입니다.
 내 물건이 소중하면 회사의 물건도 소중합니다. 직원 한분 한분이 주인의식을 갖고 소소한 것 하나부터 소중하게 여기고 절약한다면, 결국에 그 이익은 직원 모두에게 돌아가지 않을까요.

🍇 조리박물관

　올해 8월의 폭염은 유난히도 찜통 같은 날씨입니다. 차 안의 냉방조차 후끈하게 내리쬐는 햇볕으로 맥을 못 춥니다. 고속도로 멀찌감치에서는 이글거리는 아지랑이가 아른거립니다.

　1시간여를 달려 안성 톨게이트를 통과하여 좁다란 시골 길로 들어섭니다. 길옆으로 채소들의 이파리가 무더위에 힘없이 축 늘어져 마치 빗방울이라도 애타게 기다리는 듯 보입니다.

도착한 곳은 안성시 일죽면에 자리 잡은 복합 휴식 공간 〈파크엘림〉입니다. 시원한 바람이 살랑살랑 불어오는 우람한 노송의 넓은 그늘은 사막에서 만난 오아시스 같습니다.

푸르게 펼쳐진 잔디 길을 따라 오르니, 붉은 벽돌로 지어진 M자 모형의 서양식 건물 2동이 눈에 들어옵니다. 바로 이곳이 전 세계에 3곳밖에 없는, 우리나라 최초의 〈한국 조리 박물관〉입니다. 요리대회 참관차 대전조리사협회 상임 이사진과 함께 방문 하게 되었습니다.

현재 박물관장으로 계신 최수근 선배님은 참으로 대단한 분입니다. 프랑스 유학 시절 〈에스코피에 기념박물관〉 방문으로 깊은 감동과 영감을 얻어 유학을 마친 1984년부터 자료수집을 시작하고 2015년 본격적인 설립을 추진하여 전·현직 원로 조리인(자문위원) 46명의 의견을 수렴하여 우여곡절 끝에 2020년 2월 개관을 하였다니 얼마나 긴 세월동안 고군분투했을까요.

박물관 안내자의 안내를 받으며 설명을 듣습니다. 서양 요리 발전 역사와 체계가 시기별, 주제별로 수록되었고, 우리나라 원로 조리인 1세대 2세대가 그 시절에 손때 묻게 사용했던 애장품은 조리사의 뿌리를 찾는 것 같아서 감동입니다.

뿐만 아니라 나무로 제작된 냉장고와 1887년경 일본에서 구입한 석탄 오븐 등 다양한 조리도구는 어설프게 보여 과연 제 기능과 역할이 가능했을지 궁금증을 자아냈죠. 특별 전시에는 역대 대통령들의 식사와 사용했던 그릇들이 전시되어 사대에 따른 그릇 디자인의 변화를 알 수 있었죠. 일일이 열거하기 어렵지만 박물관 곳곳에서 조리인 선배님들의 위상이 살아 숨 쉬는 것 같아서 조리인의 한 사람으로 가슴 뿌듯합니다.

우리 성심당 또한 얼마 있으면 70년의 전통답게 멋진 우리만의 역사관을 설립 한다니 기쁘지 않을 수 없습니다. 먼 훗날 성심당의 뿌리를 배우고 발자취를 남겨 후배들에게 귀감이 될 것이라 믿습니다.

백조의 거리 153번지
No. 153, Swan Street

땡감과 홍시

가끔은 예전의 일이 생각납니다. 저는 음식을 만드는 일을 천직으로 알고 인생을 보냈습니다. 선배들로부터 조리사의 꽃은 호텔 총주방장이라는 말을 귀에 박히게 들어왔고요. 1급 호텔이었지만 조리사로 생활한지 15년 만에 제게도 기회가 왔던 것입니다. 호텔의 제안을 거절할 이유가 없었지요. 젊은 패기를 무기로 믿고 수락했습니다.

어렸던 나이 35살에 총주방장이 되었지요. 조리부서 인원 25명의 수장이 된다는 건 어린 저에게 무척 부담스러운 자리임에는 분명했습니다. 그러나 도전을 즐기는 저에게는 힘들수록 더없이 공부와 모험의 기회였습니다.

총주방장에게는 호텔의 조리 업무를 총괄할 수 있는 사

무실이 따로 생겨 계급상승의 상징이기도 했어요. 일선에서 직접 조리하기보다는 직원 관리와 예산운영, 새로운 메뉴 개발, 식자재 구매, 타 부서와 업무 회의 등 주로 사무직 업무가 많았습니다. 그러나 현실은 그다지 녹록지 않았지요.

저는 수시로 현장의 악역을 자청하였습니다. 조리하는 현장에서 이루어지는 직원들의 업무능력에 불만족을 표현하고 어설픈 카리스마로 직원들을 잡도리하는 날이 많았습니다. 그런 까닭으로 악역이 되었지요

선배들에게 배운 상명하복(上命下服)의 질서가 저에게도 몸에 배었던 것이지요. 말하자면, 감의 형태만 갖춘 덜 익은 땡감 시기였죠. 땡감이 부드럽고 물컹하여 달달한 홍시가 되기까지는 그로부터 십수 년의 세월이 흘렀습니다.

운 좋게 특급 호텔에서 총주방장 자리 제안이 들어와 입사하게 되었습니다. 어느날 현장에서 조리 작업 중 전무님께서

"관리자는 현장보다는 머리를 쓰는 관리에 비중을 두어야지"라고 제게 언질을 주었습니다.

그리고는 수양 버드나무와 대나무를 비교하셨지요. 대

쪽 같은 대나무보다는 부드러운 수양버들처럼 팀원들을 관리하라는 뜻으로 말씀하셨습니다.

　그래서 제 자신부터 변화가 필요하다고 느꼈습니다. 강, 약 조절을 하면서 저의 눈높이를 낮추고 직원들의 눈높이에 맞추는 업무 자세로 바꾸는 계기가 되었구요. 그로부터 1년 만에 정상적인 조직의 팀으로 거듭났습니다. 소통하는 서번트 리더십(servant leadership)이었습니다.

　땡감은 떫은(탄닌) 맛이라서 식용으로는 부적합하여 예로부터 우리 어른들은 옹기단지의 소금물에 땡감을 담갔습니다. 방안의 미지근한 아랫목에 두어 인위적으로 떫은 맛을 중화시킵니다. 홍시는 비바람을 맞고 햇빛을 받으며 묵묵히 제자리를 지켜야 맛난 홍시로 태어납니다. 땡감에서 홍시가 되기 위한 과정은 길고도 험난한 시간이 지나고 나서야 비로소 제맛을 냅니다. 지금은 땡감일지라도 언젠가는 인위적이 아닌, 자연적인 고통을 이겨내야 홍시가 되듯 우리는 지금 서서히 익어가고 있지 않나 싶습니다.

🔵 소소한 행복

장마를 알리는 메세지가 예사롭지 않았습니다. 밤새 번개를 동반한 장대비(폭우)가 거침없이 쏟아 내립니다. 장맛비는 어릴 적이나 지금이나 저에게는 늘 반갑지 않는 손님이었습니다. 학교 등굣길에 비닐포대를 우산 삼아 비를 피해야 했고, 천장에서 떨어지는 빗방울 때문에 곤혹을 겪어야 했습니다.

은행동 작업장 바닥이 물난리로 새벽 출근부터 물 진공청소기를 돌려야 할 생각을 하니 마음은 안절부절 출근길에 맥이 빠집니다.

아파트의 현관을 나서니 엘리베이터가 11층에 떡하니 정지상태로 저를 기다립니다. 장대비를 대항하는 우산은 갸우뚱거리며 방향을 잡지 못하지만 다행스럽게도 물 세례를 요리조리 잘도 피했습니다. 항상 가로로 이중 주차된 앞 차를 밀고 나서 제 차를 빼야 하는 불편함이 있었지요. 그런데 오늘은 웬일인지 가로로 이중 주차한 차들이 저의 차 앞에만 차량이 없어 수월하게 운행할 수 있었습니다. 은행동까지 출근하는데 네거리 교차로 신호가 파란불로 들어와 타이밍이 기가 막히게 떨어집니다.

무거운 마음에 도착하였고 조마조마한 마음으로 업장에 들어서니…

이럴 수가?

오늘처럼 비가 많이 내리면 빗물이 고일 거라는 예상과 다르게 언제 비가 내리고 있냐는 듯 희한하게도 멀쩡한 바닥 상태에 놀랐습니다.

누구나 오늘 같은 상황을 한 번쯤 경험해 봤겠지요.

아 ~~ 이런 기분을 어떻게 표현해야 할지요.

잃었던 돈을 찾은 기분?

덤을 얻은 기분?

아무튼 오늘같은 이런 행운에 작지만 소소한 행복을 느낀 하루였습니다.

🔹 한가족 운동회의 추억

 누구나 초등학교 시절의 운동회를 경험했을 것입니다. 저의 머릿속에는 시골의 가을걷이 무렵, 운동회와 관련된 추억을 그려내는 어린 동심이 흑백사진처럼 떠오릅니다.

 바람에 나부끼는 만국 깃발, 운동장 바닥에 줄 그어진 석회 가루, 달리기 출발선의 딱총 소리, 뽀얗게 날리는 흙먼지, 청군 백군팀이 엉겨 붙는 기마전, 줄다리기, 오자미를 던져 박 터뜨리기…. 이날은 아이들뿐만 아니라 온 동네가 잔치 분위기에 들떠 시끌벅적하였습니다.

먹을 게 귀했던 시절이었지만 이날만큼 아이들은 군것질과 맛난 음식을 배부르게 먹었습니다. 오전 경기를 마치고 점심시간이 다가오면, 이집 저집 엄마들은 자식들을 위한 정성스럽게 만든 음식을 광주리에 담아 머리에 이고 학교로 향했었죠.

저희 어머니 역시 평소에는 구경하기 어려운 두부 부침개, 고구마 튀김, 삶은 계란, 삶은 닭고기, 찹쌀밥 등 먹거리를 광주리에 가득 푸짐하게 담아 오셨죠. 우리 형제들은 아침에 어머니가 일러주셨던 학교의 약속 장소인 풀밭을 자리 잡고 점심을 맛나게 먹었습니다. 50년 전이 바로 엊그제처럼 생생하고, 그 음식 생각에 입맛을 다시게 합니다.

오늘은(3일) 일 년 중 유일하게 우리 회사의 모든 지점이 휴무일, 모두가 아시는 한가족 운동회 날입니다. 운동회에 참가하는 직원들에게 제 나름대로 특별한 추억을 남겨 주고 싶었습니다. 그래서 고민했는바 보름 전부터 틈을 내어 우리 회사의 '에코' 정신에 따른 폐품 '브리 치즈 캔'을 이용해서 사부작사부작 작품을 만들었습니다. 이름하여 〈브리 로봇〉을 탄생시켰습니다.

나이-20세. 출생-프랑스. 직업-환경지킴이. 취미-재활용품으로 조형물 만들기.

저는 예정 시간보다 빠른 07시에 장소인 〈뿌리 공원〉에 도착했습니다. 어둠이 살짝 걷힌 유등천에는 졸졸졸~ 가늘게 들리는 물소리와 얕게 피어오르는 물안개가 아침 산책에 나선 두루미를 감싸안아 아늑함을 주었지요. 넓은 푸른 잔디광장에 들어서니 행사 진행 요원만 보일 뿐, 아직 우리 직원들 모습은 보이지 않았습니다. 차량에 싣고 온 〈브리 로봇〉을 푸르른 잔디 위에 내려놓았더니 위풍이 당당하고 빛났습니다.

개막식이 임박하자 하나, 둘 직원들이 밝은 모습으로 나타나 정해진 팀별 자리로 착석하기 시작했습니다. 소풍 겸 운동회의 성격인지라, 모두가 환한 모습이어서 일터의 현장에서 본 모습과는 확연하게 달랐습니다. 이윽고 대표님의 개회 선포식으로 경기를 시작하였습니다.

청군과 백군으로 편을 나눠 모든 직원이 발야구, 오리 링 던지기, 무 뽑기, 바구니에 공 넣기, 개인 장기 자랑, 에어 사다리 릴레이, 줄다리기, 계주 달리기 등 모두가 한

종목 이상을 참여하는 화합의 운동회가 되었습니다.

 마지막 경기로 계주 달리기 첫 주자인 부서장들이 손을 잡고 함께 뛴 경기는 내년 회사 창립 70주년을 함께 하자는 강한 메시지를 주었습니다. 근소한 차로 제가 속한 백팀이 승리하여 승리 수당까지 받았죠.

 여러분께서는 응원 점수가 70점이었던 사실을 알고 계셨나요? 혹시라도 강압적인 분위기의 응원이었다면 지면을 통해 사과드립니다. 시합이 어떻게 되었건, 우리의 구호를 잊지 맙시다.

 성심 칠공 착 착 착 착 착 ~~
 성심 칠공 착 착 착 착 착 ~~
 성심 칠공 착 착 착 착 착 ~~

 저의 〈브리 로봇〉은 직원들의 열렬한 관심 덕분에 문화원으로 스카우트되는 영광을 얻었지요. 문화원에서도 브리로봇이 고객과의 만남을 기대하며 저에게는 잊지 못할 또 하나의 추억을 남긴 하루였습니다.

웃음이 주는 행복

'라떼'를 말하고자 하는 것은 아닙니다. 1970년대 우리나라의 국민 대부분은 너나 할 거 없이 먹고사는 게 고달픈 나날이었습니다. 그러니 일상에서 웃을 일이 별로 없었고 삶에 찌든 모습의 무표정 일색이였죠. 그나마 웃음을 찾을 수 있는 창구가 있었는데 MBC 문화방송의 '웃으면 복이 와요' 프로였습니다. 등장한 희극인들의 연기로 시청자들에게 배꼽을 빼게 하는 가히 국민적 코미디 프로였지요. 지금은 고인이 되신 비실이 배삼룡, 막둥이 구봉서 콤비와 땅딸이 이기동 등 유명 희극인들의 명연기는 가뭄 속의 단비처럼 웃음 제조기였습니다. 지난 날들의 사진첩을 들여다보니, 저와 함께 찍힌 모두가 뿔난 사람처럼 입을 굳게 다물고 있는 모습이었네요.

그러나 이제는 카메라 렌즈가 저를 향하면 자연스레 웃고 하얀 이를 들어냅니다. 오랜 서비스업종 근무와 교육에서 얻어진 결과인 셈이죠. 호텔 근무 시절인 한때는 어느 부서를 막론하고 유니폼의 가슴에는 '스마일' 배지를 달고 웃음에 대해 각인을 시켰습니다. 미착용 시에는 아마도 그것에 대한 패널티까지 부과되었죠.

 방법은 다르지만 우리 성심당은 월 단위 부서별 '친절 미소' 직원을 선정합니다. 선정된 직원은 상품과 함께 인사고과에 반영됩니다. 채찍과 당근이라는 생각도 들지만 고객에 대한 존중과 우리의 자세에 대한 방향성이 아닐까 싶습니다.

 오죽하면 〈웃음치료사〉라는 전문 직업까지 생겨났을까요? 요즘은 〈웃음치료사〉라는 민간자격증까지 있다고 하니 우리가 미소에 관하여 얼마나 야박했는지 짐작할 수 있을 것 같습니다.

 별난 동작 없이 안면 근육운동으로 입꼬리가 살며시 올라가고 눈매가 가늘어지는 표정을 지으면 되는데 말입니다. 그로 인하여 생기는 웃음은 정신건강과 신체 건강의 자산이라는 사실입니다.

단연코 웃음은 표현으로는 미약하나마 강한 행복을 전파합니다. '웃는 낯에 침 못 뱉는다'는 속담이 있듯이 미소는 상대방에게 자신의 이미지에 대한 최대의 신뢰를 얻을 수 있는 것입니다. 어린 아이나 노인이건, 인상이 험악한 사람도 웃을 때는 아주 선한 백만 불짜리의 감정 표현이죠.

웃음에는 규칙이 없습니다. 단, 상대방의 심신이 불편하거나 화날 때 여러 정황을 빼고는요. 현대사회에서 바쁜 생활로 지친 우리는 하루에도 많은 메시지와 카톡 등 문자로 대화를 나눕니다. 오늘처럼 무덥고 지친 힘든 하루의 끝맺음을 상대방에게 〈스마일 이모티콘〉를 보내어 엔돌핀을 팍팍 돌게 하면 어떨까요?

🔵 우리 모두가 공인

 겸손은 최고의 빵이다!
 성심인 여러분께 좋은 차는 어떤 차를 말하는 걸까요? 수입 브랜드, 연비가 좋은 차, 잘 달리는 차, 디자인이 매끄러운 차? 다 맞는 말씀입니다! 그러나, 차량에서 제일 중요한 건 브레이크 성능이 좋아야 되지 않을까 생각합니다.

사람 또한 마찬가지입니다. 요즘 잘 나가고 있던 어느 대중가요 가수는 음주운전 사건 때문에 사회적으로 많은 비난을 받고 있습니다. 음주운전도 그렇고 속임수와 성숙하지 못한 인격자질이 문제라는 것입니다. 사람들의 인기를 한 몸에 받았지만 본인의 잘못된 판단으로 한 순간 거꾸로 떨어지는 모습에 씁쓸하기만 합니다.

본질은 다르나, 지금 우리 회사 『성심당』은 빵 한가지로 대전은 물론 우리나라 전체를 뒤흔들고 있습니다. 어느 제빵업계에서도 감히 넘볼 수 없는 위치로 급부상했습니다. 그렇지만 스스로 생각해 봅시다. 어제도 별 일이 없었으니 오늘도 괜찮겠지가 문제입니다. 사소한 일들을 대충대충 덮어 나갈 수는 있습니다. 그렇지만 모든 일은 작은 불씨에서 커지고 번져갑니다. 잘 나갈수록 현 업장에서 모두가 작은 것에서부터 긴장의 끈을 풀지 말아야 합니다. 우리는 호사다마(好事多魔)라는 사자성어를 명심해야 할 시기라고 생각합니다.

성심당 모든 직원 여러분 오늘도 성심인으로서 책임감으로 각자의 자리에서 최선을 다하며 모두가 승리하는 하루가 되십시오.

🔵 유종지미

 가을이 되면 나뭇잎이 떨어지는 건 지극히 자연스런 현상입니다. 도로에 나뒹굴다 쓰레기 취급을 받다가 불에 태워져 재로 남습니다. 또 다른 잎은 거름으로 쓰여져 새싹이 튀우는데 일조하여 새로운 생명으로 살아 갈겁니다.

 누구나 한번쯤은 이직을 하기 마련입니다. 허나 이직의 방향성에서 떨어지는 낙엽처럼 자신들의 미래가 극과극으로 변하는 사례를 봤습니다. 자기 발전을 위해 보다 나은 직장으로 이직하는 건 미래를 위한 일입니다. 그러나 직장생활에서 부적응과 동료들과의 마찰로 인하여 원치 않게 사직하는 직원들은 불태워진 낙엽이 되는 걸 심심치 않게 겪어봤습니다.

 지금은 먼 이야기지만, 인스턴트 시대 이전에는 주방장의 기술은 권위적이기에 업주들이 주방장들을 상전 대하듯이 했지요. 일부 주방장은 그 업소에서는 절대적인 존재이기에 업주들은 주방장 비위 맞추기에 급급했습니다. 간혹 업주와 마찰이라도 있으면 일방적 무단결근하기 일수였지요. 개인주의 성향의 주방장을 만나면 업주들은 속

수무책으로 당해야 했습니다. 심지어 주방장이 사직하면서 영업을 못할 지경으로 만들기 위해 모든 소스를 버려버리는 일도 있었지요. 이런 추태(?)에 폐업까지 하는 사례도 있었습니다.

 이직을 하기 전 선배님은 본인이 쓰던 주방기물을 청소시켰습니다. 특히 후라이팬(철)의 기름칠 코팅 처리를 시켰습니다. 높은 온도에다 후라이팬을 태워서 기름칠해서

태움을 반복하여 소금과 계란을 넣어 마사지 시켜 반질반질하게 만들도록 하였습니다. 자신의 흔적을 없애고 새로운 주인에게 편한 조리를 만들 수 있게 하는 작은 배려였지요. 저도 이직 때마다 선배의 가르침을 잊지 않고 전례행사를 실천했습니다. 저 또한 선배의 배움을 잊지 않고 후배들에게 가르침을 따르게 했습니다.

  얼마 전 사직하는 어린 직원이 "좋은 분들과 함께 일할 수 있어서 행복했습니다. 그 동안 정말 감사했습니다. 늘 건강하고 행복하세요."라는 메시지와 함께 피로회복제 드링크와 약간의 주전버리가 담긴 선물 봉투를 모든 직원에게 나눠줬습니다. 함께 근무할 때 느끼지 못한 면에 기특하면서 감동을 받았습니다. 이 직원에게 앞으로 축복된 직장생활 하길 빌었습니다. '유종지미'는 끝이 아닌 새로운 출발을 알리는 의미인 것 같습니다.

🔵 선배(先輩)

우편배달 아저씨가 집에 오시면, 어머니는 늘 물 한 사발을 따라드렸습니다. 어린 저에게 "집에 오신 손님에게는 물 한 대접이라도 드려야 한다"라고 일러주셨죠. 지금 떠올려보니 그 시절 무더운 계절에는 어느 가정이나 넉넉하지 않았던 형편이어서 어머니는 손님을 접대하는 최고의 방법이 물 한 사발이라고 생각하셨던 것 같습니다. 이런 가정교육이 몸에 밴 탓인지, 훗날 저는 남에 대한 배려와 나눔을 몸소 실천하게 되었습니다.

직장생활에서도 모름지기 선배나 상사의 본을 받아 배우게 됩니다. 업장의 책임자(주방장) 성향에 따라 지대한 영향을 받게 되므로 훗날 성공한 요리사가 나옵니다.

술을 좋아하는 상사나 선배를 만나면 술자리가 잦아지고, 도박을 좋아하는 상사나 선배를 만나면 도박에 빠지기 쉽습니다. 노력하는 학구파 상사나 선배를 만나게 되면 배움을 찾게 됩니다. 저는 이제껏 많은 상사를 모셨지만, 다행스럽게도 학구적인 상사나 선배를 많이 만났기에 지금의 이 자리에 있지 않나 싶습니다. 그러기에 저 또한 후배들에게 배움을 강조합니다. 공부하려는 후배들에게는 제가 해줄 수 있는 범위에서 최대한 배려를 해주었고요. 그 결과 어떤 후배는 박사학위를 받고 대학교수가 되었습니다. 선배에게 내리 배움을 후배에게 보답한 결과라고 생각합니다.

본점 케이크 부띠끄 입구 옆 화단에는 사시사철 푸르름을 간직합니다. 간혹 누군가 버린 쓰레기가 볼썽사납게 눈에 띕니다. 한 손엔 검은 비닐봉지, 한 손엔 집게를 들고 나타난 케이크 부띠끄 백 부장님은 자연스럽게 쓰레기를 집어 검은 봉지에 담았습니다. 그 후도 이런 모습을 자주 볼 수 있었지요. 가끔 만날 때마다 나는 그에게 "오늘은 쓰레기를 안 줍느냐?"고 농담을 던지곤 했지요.

어느 날인가는 부띠끄 집수정 앞에 쪼그리고 앉아서 집게로 그 속에 쌓여 있던 쓰레기를 꺼내는 모습이 보였습니다. 저는 백 부장님께 슬며시 다가가서

"지금 무얼 꺼내느냐?"고 물어보았어요. 그랬더니 그분은,

"집수정 배수펌프 이상으로 인해 물순환이 되지 않아 쓰레기를 제거합니다."

"쓰레기 줍는 것은 은퇴했나 보네요. 시궁창에서 낚시하는 거 보니 그런 건 아래 직원에게 시켜야지요"라고 제가 슬쩍 건드렸습니다. 그분은 커다란 눈을 뜨고는 바로 이렇게 한 마디를 보탭니다.

"아이, 이런 건 윗사람이 모범이 되야죠. 이젠 쓰레기를 직원들도 잘 줍습니다."

선배의 모범적인 이런 모습을 보고, 후배 직원들도 덩달아 따라 한다고 하니 참으로 성심인다운 모습입니다. 무릇 자식은 부모의 등을 바라보며 배우고 산다고 하질 않습니까. 우리가 일하는 현장에서도 후배는 항상 선배의 모습을 보고 있을 겁니다.

🌀 백조의 거리 153번지

학창 시절 제가 입던 검정 교복은 학교의 소속감과 단합의 상징이었습니다. 한편으로는 일제 강점기의 영향이 있었는지 규율과 억압적인 분위기까지 포함되었습니다. 호기심과 반항기 많던 청소년기 시절의 교복은 불편하고 입기조차 싫었습니다. 돌이켜 생각해 보니, 아마도 구속감에서 해방되고 자유로워지고 싶은 충동에서였을 겁니다.

군인이 군복을 입는 이유 또한 교복과 별반 다를 바 없을 것 같은데요. 정복 차림으로 교통 정리나 파출소의 경찰관을 마주치면 아무 죄를 짓지 않았음에도 자신도 모르게 섬뜩한 느낌이 듭니다. 유니폼 자체만으로도 상대에게 존재감을 어필하게 되는 셈이죠. 또 다른 공통점은 헤어 스타일의 상태입니다. 잘 정리된 짧은 머리는 교복과 군복이나 경찰 제복 등 입는 모두가 한결같이 청결과 반듯한 복장입니다. 만약에 그때의 학생이나 군인, 경찰관 모두가 머리를 길고 맘대로 하여 교복과 군복은 물론경찰 제복을 입은 모습을 상상해 보세요. 불량스럽고 규율이 어긋나서 조직의 소속감마저 깨진 듯 코미디프로〈봉숭아학당〉처럼 느껴지지 않을까 싶네요.

밀가루는 성심인에게 제일 중요한 재료입니다. 삶의 터전을 마련해주고 많은 것을 아낌없이 베풀어주고 있습니다. 지금도 직원 1,000명에 아르바이트 600명의 직원뿐만 아니라, 나아가 은행동 경제 상권까지 살려준 구세주인 셈이죠. 아이러니하게도 이런 밀가루가 우리 직원들의 청결에는 발목을 잡고 있다는 사실을 알고 계시나요?

얼마 전 본점에서 대기 줄에 서신 손님끼리 주고받은 대화에서, 우리 직원의 밀가루 묻은 위생복 바지와 밀가루가 묻어있는 찌든 안전화를 지적하는 한마디를 듣고는 낚싯줄에 매달려오던 물고기를 손에서 놓친 듯 아차 싶은 기분이었습니다.

지금 우리들이 하는 일은 청결과 위생을 떼려야 뗄 수 없는 수어지교(水魚之交)인 셈이죠. 만약에 본점 쇼윈도에서 불량한 차림으로 빵을 만드는 모습과 성심당 로고를 붙인 깨끗한 유니폼을 입고 빵을 만드는 모습을 본 고객의 반응을 우리는 너무 잘 알고 있을 겁니다.

제가 보고 느낀 은행동 153번지는, 세칭 〈백조의 거리〉입니다. 마치 수많은 하얀 유니폼 물결이 이 골목 저 골목에서 무리 지어 각자의 아지트로 찾아가는 모습이 '백조의 호수'를 연상케 합니다. 이 거리에 해맑은 백조들이 모이기까지 많은 시간이 걸렸습니다. 이 거리를 더 많은 백조의 터전으로 보존해야 하는 것도 우리 성심인의 몫이 아닐까요?

다음을 준비하는 성심당
Sungsimdang Preparing for the Next Chapter

 성심당의 다음을 준비하는 성심인의 마음
2025.04.14(월)

🍀 소풍

 우리 성심당의 '사크레케어 봉사단'은 매월 1회 정기적인 나눔 봉사를 하고 있습니다. 업무와 겹쳐서 동참하지 못한 저는 내내 마음에 걸립니다. 제 나름대로 오래전부터 함께 하던 '대전 조리사협회'와 '가온 봉사단'에서 월 2회 정기적인 봉사를 하고 있죠.

 지체장애인을 봉사할 적에는 그들이 힘겹게 온몸을 비틀며 식사하는 모습에 안타까움을 느낍니다. 또 다른 보육시설에서는 어린 식구들에게 식사를 제공하였습니다. 천진난만한 그들의 모습은 여느 아이들과 다를 바가 없었지만, 왠지 서늘한 그림자가 드리워진 것 같았습니다. 그래서 봉사하기 전까지는 느끼지 못했던 부모님께 대한 감사함을 새삼 알게 되었지요. 봉사활동은 단순히 남을 돕는 것이 아닌, 되려 우리 자신에게 많은 배움과 긍정적인 마음을 키워주는 경험이라고 생각합니다.

 그러므로 봉사는 일방적으로 그들에게 도움을 주는 게 아니라 봉사자 스스로에게 감사함을 일깨워 줍니다.

 결론적으로 봉사는 결국 나 자신을 위해서라도 적극적으로 활동해야 한다고 생각합니다.

한때 '추억만들기' 봉사단 조직을 꾸린 적이 있었습니다. 즐거운 마음으로 하루의 추억을 남기자며 소풍을 간다는 의미를 두었었지요. 그래서 그런지 학창 시절의 소풍처럼 저에게 기다림과 설래임을 있게 하는 희망의 존재가 되었습니다.

복지시설을 봉사하는 날이었습니다. 그곳은 10년 넘게 다니던 곳이라 복지사 선생님과 허물없이 대화를 할 정도였죠. 그런데 어느 날 조심스럽게 그분이 말씀하셨어요.

봉사 오신 분들이 주방에서 너무 소란스럽고 위생적인 상태가 청결하지 못하다는 거였죠. 사실 도둑이 제 발 저린다고 속으로 뜨끔했습니다.

  그렇습니다! 봉사하면서도 지켜야 할 에티켓이 있습니다. 동정이 아닌 공감과 이해의 자세로 그분들과 동등한 마음가짐이 필요합니다. 간혹, 사진 촬영이 주된 업무로 오인되는 봉사자도 있겠죠. 음식 조리시 청결에 맞게 위생복, 위생모, 앞치마. 개인위생을 지켜야만 모두에게 비위생적인 인식을 주지 않게 됩니다.

봉사활동은 '나'에서 '함께'의 공동체 의식으로 봉사자와 클라이언트가 신뢰를 기반으로 하는 이벤트성이 아닌 꾸준하고 지속적인 참여가 필요합니다.

오늘(21일)은 대전 조리사협회와 함께 소풍 나들이(300회)로 대덕구 법동 소재 종합복지관에서 행사를 마쳤습니다. 여름철의 특급 메뉴로 〈수박냉면 사랑나눔〉행사는 어르신들의 입맛뿐만 아니라 가슴까지 시원하게 하므로 봉사자와 어르신들 모두에게 잠시나마 더위를 물러나게 하였습니다. 행사를 마치고 돌아오면서 "나누는 사람이 진짜 부자다."라는 어느 유명 패션디자이너의 말씀이 생각나는 하루였습니다.

🌱 지구를 지키자

정초가 되면 회사에는 에코 발대식을 치룹니다.

올 한 해를 이끌어 갈 "에코오지라퍼 5기" 발대식이 문화원 3층에서 거행되었지요. 올해의 캠페인은 "성심인은 플라스틱 안 쓴 날"로 지정했습니다. 식순에 앞서 우리 회사 에코의 선구자(?)이신 임선 이사님께서 인사말로 서막을 열었습니다.

지금으로부터 5년 전 우연한 기회에 우리 성심당에서 쓰고 있는 월 5톤의 우유 팩을 수입 해온다는 사실을 아셨답니다. 또한 팩의 재료가 종이이고 원료는 나무의 펄프라는 사실에 착안하여 재활용 방법을 손수 집과 동네 아파트를 필두로 자사의 전 업장에 전파한 일입니다.

우리가 해낼 수 있는 애국은 작은 거 하나 허투루 넘기지 않는 관심에서 초석이 되었지요. 한 방울의 힘은 많은 물방울로 모여 조그마한 그 파장이 드넓은 호수에 흔들림을 줍니다.

　이런 결과 효과를 가져왔습니다. 수치에서 보듯 더욱이 현재 대전의 고등학교에서도 우유팩 수거 프로젝트에 동참하게 되었고 주변 곳곳에서 에코프로젝트가 확산되고 있습니다. 발상의 전환이 엄청난 물류 절약과 애국심의 파급효과를 이끌어 낸 결과에 찬사를 보냅니다.

저 또한 요리사로서 엉뚱한 발상을 해 봤지요. 십오 년 전, 누에고치의 번데기를 이용한 다시다를 개발하여 해장국 재료로 끓여보니 진하고 구수한 맛을 발견하게 되었습니다. 거기서 한 걸음 더 나아가 새우깡 맛과 비슷한 갈색거저리를 이용한 요리 150가지의 레시피를 완성하게 됐지요. 또한 곤충을 이용한 갈비탕 제조 방법(출원번호 10-2010119996)을 특허 등록하는 계기가 되었습니다.

국제연합식량농업기구(FAO)에서 미래 식량자원으로 곤충을 지목한 이유가 있습니다. 다른 동물성 먹을거리보다 지구 온난화 주범인 온실가스 배출량은 적게 배출하고 단백질 함량이 육류만큼 풍부하므로 그 생산이 효율적이라는 것이지요.

그래서 이런 생각을 해봅니다. 앞으로 장기적인 안목에서 우리 성심당에서도 곤충(갈색거저리)을 이용한 단백질 빵의 개발을 염두에 두면 어떨까요? 단순하게 빵만을 생산·판매하는 게 아니라, 이제는 환경과 미래를 함께하고 전파하는 일 말입니다.

우리 성심당은 재료 납품에도 되도록 종이류 상자 등의 납품을 유도하는 창의적인 사고방식으로 환경을 소중하게 생각해야 하겠지요. '한 사람의 힘은 미약하나 모두가 함께 한다면 창대하리라' 믿습니다. 올해는 우리 성심인 모두가 다 같이 지구를 살리는 "에코정신"에 동참 하시길 기대해 봅니다.

🍀 소보로의 혁신

 어느 업소에서나 자기만의 컬러로 시그니처 메뉴를 선정합니다. 시그니처 메뉴는 그 업소의 얼굴이자, 매출 비중이 크므로 활성화를 위한 개발과 홍보에 심혈을 기울이게 됩니다. 그래서 조리사 생활 내내 시그니처 메뉴 개발에 공을 들일 수밖에 없으므로 휴무일을 잊은 채 두문불출했습니다.

고객의 입맛은 언제든지 변화무쌍합니다. 입맛을 탓하는 건 조리사의 무능이죠. 많은 시간과 노력에도 고객의 냉정한 입맛에 수 없는 메뉴가 무용지물 된 경험을 겪어봤기에 메뉴 개발은 고난의 작업이라는 사실을 알고 있었습니다.

우리 역시 각고의 노력 끝에 개발된 우리만의 시그니처 상품을 판매합니다. 그 중 소보로와 단팥빵, 도너츠 3종의 장점만 살려 완성된 '튀소'(튀김 소보로)는 누구나 좋아하는 소보로에 팥앙금을 넣어 튀겨보면 어떤 맛일까? 하는 대표님의 역발상에서 그 단초가 되었답니다.

그 한 축에는 17세에 입사하여 현재 대전역점 총괄이신 박명선 이사님의 땀과 노력이 '튀소'의 완성에 마중물이 되었습니다. 우직한 성품으로 늘 부지런히 노력하신 결과물입니다. 지금도 '튀소'의 장인으로서 타의 추종을 불허하지요.

온고이지신(溫故而知新)이라고 했던가요. 오직 45년의 세월 속에서 전통의 맛을 유지하면서 새로이 파생된 각자의 사연을 갖고 '튀소' 시리즈〈튀소, 꾸마, 쪼코〉로 탄생했습니다.

'튀소'는 빵에 그치지 않고 로고송, 동화책, 그림 그리기 대회, 튀소 비누 등 다양한 패러다임으로 어마무시하게 문화의 다양한 장르를 이끌고 있다니 놀랄 수밖에 없네요. 이런 '튀소'에 대한 모든 일화를 자세하게 정리한 『땡큐해, 튀소』가 '튀소'의 트레이드 마크인 노란색을 띤 포켓용 책으로 9월1일 탄생하게 되었습니다.

우리가 우리 것을 모르며 만들고 판매할 수 있을까요? 『땡큐해, 튀소』는 '튀소'의 정체성을 짧은 시간에 빠르게 이해를 할 수 있어 성심인이라면 필독 도서가 아닐까 싶습니다.

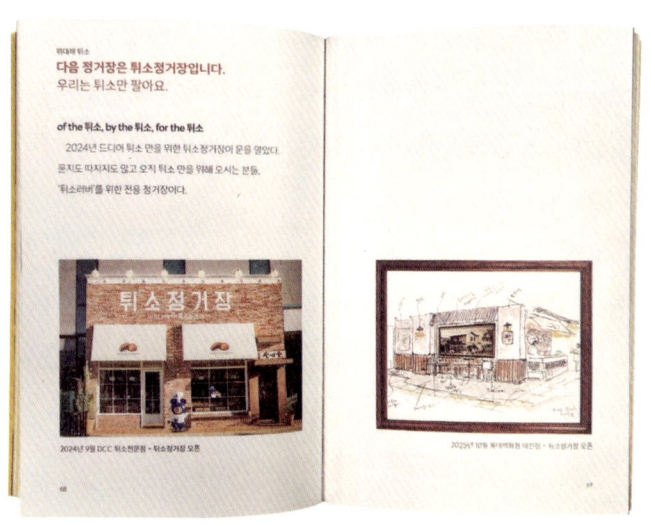

🌱 성장하는 회사의 공통점

'만남은 운명이요 관계는 노력이다.'라는 말이 있듯 인간관계는 중요합니다. 유난히 냄새가 퀴퀴하고 허름한 유성의 한 홍어집으로 기억됩니다. 그곳에 근무하던 친구의 소개로 그 분을 만난 것은 2010년 4월 중순이었습니다.

그 후 청원에 있는 공장도 견학 할 수 있었습니다. 제게 돼지족발의 신개발을 부탁하여 10여 종의 시식 행사를 진행한 적도 있었지요. 덕분에 2017년 "오징어 먹물 튀김 족발 제조 방법"으로 특허까지 낼 수 있었습니다. 그런 인연으로 〈장충동왕족발〉 창립 40주년 기념식과 대표님의 책 『깨달음 & 깨달음』 출판기념회에 초청을 받았어요. 도착하니, 대전 ICC호텔 3층 연회장에는 시장님을 비롯한 각 구청장과 직원은 물론 300여 명의 기업인, 법조계, 학계 등 다양한 분야의 축하객들이 모였습니다.

1부 순서로 북콘서트가 진행되어 〈깨달음 & 깨달음〉의 저자인 그 대표님은 "삶은 깨달음의 지속이고 깨달음을 통해 삶의 환희가 찾아온다."라고 말씀하더군요. 깨달음의 한 과정으로 매출 수익을 직원들에게 인센티브로 지급하고, 그 중의 일부는 사회에 환원한다는 경영방침도 깨달음에서 얻은 배움이라고 설파하셨습니다. 이 모든 배움은 일본소설『빙점』의 저자인 〈미우라 아야코〉의 '이웃을 배려하며 함께 더불어 살겠다는 가르침을 본 받겠다'는 약속을 깨달아 몸소 실천하고 있다는 것이었어요.

 물론 그 업종과는 모든 것이 다르나 우리 대표님의 사회에 환원하는 방향성만은 크게 다르지 않아 보입니다. 요즘 많은 기업이 "노블레스 오블리주" 정신을 계승하여 사회에 밝은 밑거름이 되어가고 있습니다. 그런 면에서 우리 회사는 이미 70년 가까이 실천하고 있으니 참으로 대단한 일이 아닐까요.

 내년이면 우리 회사가 칠순을 맞이합니다. 뜻깊은 행사를 생각하면 자못 기대가 됩니다. 이번 행사를 통해 많은 기업이 깨달음이라는 작은 울림의 파장을 타고 사회 곳곳에 울려 퍼지기를 바라며 서둘러 행사장을 빠져 나왔습니다.

🌱 모두를 위한 경제포럼

10월의 끝자락 〈컨벤션센터〉 가을 하늘은 구름 한 점 없이 무척이나 청명하였습니다. '현시대 기업의 포용적 역할과 미래가치' 라는 주제로 모두를 위한 경제(EoC, Economy of Communion) 국제포럼을 방청하게 되었습니다. 고대하던 세미나장에 들어서니 국제적인 행사답게 취재진의 움직임이 역동적이었습니다. 간혹 반가운 회사 직원들도 간간이 눈에 띄었습니다. EoC 한국 대표이신 우리 대표님의 환담하시는 모습도 보였습니다. 안내석의 행사 담당자로부터 명찰과 번역기를 받고 막 강연자로 나오시는 우리 임 이사님의 또 다른 모습에 적잖이 놀라웠습니다. 눈인사로 가름하고 컨퍼런스 홀에 입장하니 다양한 계층의 청중들이 자리를 잡고 있었습니다.

우리 대표님의 환영사 말씀으로 행사가 시작되었습니다. 위원장 아눅 그레뱅 교수(프랑스 낭트대학교 경영학과)가 EoC가 추구하는 기본 원칙인 친교와 나눔의 실천에 대해 설명했습니다. 오후에는 실제로 전세계 각지에서 다양한

형태로 EoC 프로젝트를 운영하고 있는 사례발표가 있었습니다.

　스페인 EoC를 대표한 이사야 헤르난도 씨는 소외계층 사회독립을 위한 지원프로그램, 아프리카의 브룬디에서 온 글로리아 씨는 소외된 여성의 경제 자립을 위한 '소액대출 프로젝트'에 대해 발표하였습니다.

아르헨티나 〈디마코〉건축 자재 유통 회사를 운영하고 있는 헤르만 미겔 호르헤 씨는 혼자가 아닌 함께 돕는 기업문화를 정착시켰다고 설파하였습니다.

마지막으로 우리나라 기업을 대표해서 임선 이사님께서는 성심인 모두가 알고 있는 레인보우 프로젝트를 소개하였습니다. 홀 공간을 가득 메운 모든 청중들이 한결같이 숨죽이고 강연자의 목소리에 경청하며 메모하는 사람도 간간히 눈에 띄었습니다. 엄숙한 분위기에서 보듯 모든 사람들이 강연자의 시선에 집중하는 걸 보며 많은 사람들이 이 포럼에 관심을 갖고 있음을 느낄수 있었습니다.

모두를 위한 경제 "EoC (Economy of Communion)"는 1991년 5월 브라질 상파울루에서 절실한 가톨릭 신자였던 끼아라 루빅에 의해 창설되었다는 사실을 알게 되었습니다. 각기 다른 방식이지만 공통된 방향성은 '주는 문화' '친교와 나눔'을 실천하는 것이고 우리 회사가 모범사례 라고 생각하니 이해의 폭이 빨랐습니다.

오늘따라 "모든 이가 다 좋게 여기는 일을 하도록 하십시오."라는 우리 회사의 사훈이 큰 울림을 남겼습니다. 나 자신이 이런 회사에 몸담고 있다는 자부심과 우쭐한 기분은 왜일까요. 아마도 훗날 제가 하고자 하는 방향성과 동일하기 때문인 거 같습니다.

🍀 이웃과 함께하는…

 지금 대한민국에서 핫플레이스로 떠오른 곳이 '성심당'이라는 사실은 거의 모든 사람이 알고 있을 겁니다. 그러면 왜? 최고의 빵집이라 생각하는지 잠시 생각을 해보았습니다. 누구나 알듯 뭐니 뭐니해도 혜자(가성비)스러움입니다. 그런데 제가 겪어본 성심당은 우리나라 최고의 빵집이 될 수밖에 없는 또 다른 이유가 있더라고요. 사훈이 말해주듯 "모든 이가 다 좋게 여기는 일을 하도록 하십시오" 그것이 바로 '이웃사랑 실천' 아닐까요?

 오정동 자재 물류센터와 C/K에서 나오는 하루의 폐지량은 대략 100kg 정도입니다. 항상 폐지를 치우시는 할머니가 있습니다. 하루는 직원 식당(빵새 방앗간)을 찾아와서 요깃거리를 부탁하였으나 거절당했다는 말씀을 하시며 제게 하소연을 했습니다. 할머니가 알고 있는 성심당은 어려운 이웃에게 베푸는 회사로 소문났다는 것입니다. 한술 더 떠 당일 판매하고 남은 빵들을 모두 복지관에 기부한다는 사실을 우리 직원처럼 정확히 알고 계셨습니다. 그러면서 섭섭함을 드러내셨습니다.

　며칠 후 대표님께서 물류센터를 방문하셨습니다. 저는 앞에서 언급한 할머니의 형편과 우리 직원들이 식사한 후에 할머니에게 식사를 제공해도 되는지 조심스레 여쭤보았습니다. 그런데 대표님께서는 "제공하려면 평등한 입장에서 드려야지 우리 직원과 차별을 해서는 안 된다."고 말씀을 하신 것입니다. 그 순간 저는, 아! 하고 머리를 한 방 얻어맞은 느낌이었습니다.

　상대방이 누구든 대표님의 작은 배려에도 저와는 생각이 달랐습니다. 저는 이것이 진정한 이웃사랑이며 배려라는 걸 다시금 깨닫게 되었습니다.

우리 직원 식당은 참새가 방앗간에 들르듯 협력사 직원들까지도 납품 일을 하다가 밥시간이 되면 스스럼없이 이용하는 무료 급식소가 되었습니다. 더구나 연말에는 당해 연도의 우수 협력사를 선정하여 감사패와 함께 두둑한 금일봉을 드리지요. 〈갑〉과 〈을〉의 관계가 아닌, 서로 상생하는 성심당이 이래서 많은 사람들의 사랑을 받을 수밖에 없는가 봅니다.

할머니는 식사를 끝내시며 주름진 얼굴에 함박웃음으로 고개를 연신 조아리더니 "폐지보다 비싼 밥값을 벌어 너무 감사합니다."라며 거듭 인사를 했어요. 그리고 고생과 불안으로 찌든 얼굴은 점점 해맑아진 것 같았습니다.

할머니가 한 끼의 밥상에서 하루의 행복을 찾아가고 있음을 알게 되어 오히려 뿌듯한 하루였습니다. 그렇습니다! 어려운 이웃의 어두운 얼굴에 행복한 미소를 짓게 할 수 있는 보약은 관심과 배려입니다.

🍀 다음을 준비하는 성심당

4월 초순입니다. 봄 빗줄기로 낮과 밤의 기온 차가 심해진 봄입니다. 불청객 감기의 만행으로 들쑥날쑥한 컨디션이어서 조심스러웠습니다. 고민한 나머지 정리해 두었던 겨울 잠바를 다시 꺼내 입었지요.

가랑비를 맞으며 세미나 장소인 가톨릭 문화회관 마리아 홀로 들어섰습니다. 행사 때마다 항상 노고가 많으신 현미 차장님과 애희 매니저님의 안내로 자리를 잡았고요. 조용히 흐르는 사가(社歌)의 리듬을 따라 흥얼거리던 중에 많은 직원이 입장했습니다.

마리아 홀의 문이 닫히고 김미진 이사님께서 오늘의 주제인 70주년을 앞둔 〈성심당의 다음을 준비하는 성심인의 마음〉에 대한 설명을 하셨습니다. '앙꼬 없는 찐빵' 같았던 은행동을 성심당이라는 존재가 '앙꼬' 역할을 했는바 한 방울의 가랑비가 모여 시냇물이 되고 자연의 생태를 순환하듯이 그 몫을 합니다. 그런 의미에서 하나의 점들이 모여 이루어진 우리 성심인의 정체성에 자부심을 심어 주었습니다. 70년의 긴 세월 동안 오롯이 빵에서 얼음을, 사회에 환원하는 우리들만의 브랜드인 "모든 이가 다 좋게 여기는 일을 하도록 하십시오"를 곱씹어 봅니다.

이어서 60주년 동영상과 일 년 후 70주년 행사계획 사업에 애쓰고 계시는 송부영 대표님의 중간 보고를 들었습니다. 끝으로 브랜드 컨설팅 〈더 워터메론〉 회사의 우승우 대표께서 성심당 70주년 브랜딩에 대한 강의가 있었습니다. 우 대표님의 말씀 중 제가 가장 공감하며 기억에 남는 제안은,

- 자기다움(why)에서 시작하자.
- 70이라는 숫자에 집착하지 말고 why를 생각하자.
- 성심당다운, 성심당만이 할 수 있는.
- 성심당만의 세계관을 만들어 스토리로 전달하자.
- 빵 브랜드, 유니폼, 간판, 인테리어, 음악 등을 활용하여 성심당의 브랜드와 세계관을 만들자.
- 성심당만이 할 수 있는 역사와 전통 철학과 정신을 활용하자.
- 우리 모두의 70주년이다, 내부로부터 시작하자.
- 70주년의 주인공은 내부 직원들이다.
- 각자 맡고 있는 포지션에서 주인공이 되자, 고객이 경험하는 모든 곳이 브랜딩이니….

우리의 70주년 행사 준비 진행은 우 대표님의 말씀대로

우리만의 컬러로 아주 만족스럽게 잘 이루어지고 있다고 생각합니다. 이런 수고는 모든 직원의 한마음과 김미진 이사님 이하 브랜딩 사업팀의 모든 분이 수고하신 덕분이 겠지요. 지금은 한 분 한 분, 모든 성심인이 성심당의 브랜드가 아닐지요?

🍀 밀이 피었습니다.

　지난해 10월 유성구 교촌동의 7,000평 규모 땅에 국산 밀을 파종하였었죠. 농업기술센터와 국립식량과학원에 계신 밀 전문가들의 기술적 지원을 받았던 것입니다. 인고의 시간을 보낸 8개월 만에 드디어 오늘(12일) 첫 수확을 하는 날입니다.

저는 역사적인(?) 기록을 남기고 싶어 출근길을 뒤로 하고 밀밭으로 향했습니다. 초여름의 아침햇살에 비친 밀밭은 노랗다 못해 바람에 살랑거리며 황금물결로 장관을 이루었습니다. 자연의 경이로움이 이루어낸 밀밭의 전경은 마치 한 폭의 수채화 그 자체였습니다. 오롯이 자연의 힘으로 신비로움까지 그저 감탄사가 절로 나왔지요. 그래서 저는 두 손으로 까칠한 밀대를 가지런히 잡고 수확기까지 잘 자라줘서 고맙다고 기도를 드렸습니다.

초보 농사임에도 불구하고 겨우내 모진 한파를 잘 이겨낸 생명의 곡식이 얼마나 장한 일입니까. 낱알이 통통히 실하게 영근 밀알이 우리 성심당과 공통 분모로 느껴집니다.

밀밭 풍경을 보자니 제 어릴 적 동심을 반추시켜 서정을 깨웠습니다. 제가 살던 고향 집 앞 산자락 밭에서는 가을이 되면 긴 겨울에 먹게 될 고구마를 수확합니다. 그리고 추수가 끝난 그 땅을 갈아엎고 밀을 파종했습니다. 엄동설한에도 푸릇푸릇 자라는 밀 싹은 강한 생명력으로 겨울을 버티어냈지요.

밀 밟아주기(냉피해와 성장 도움)를 마치면 봄의 기온 상승으로 밀은 본격적인 성장이 시작됩니다. 허리춤 높이로 자란 밀포기들은 낟알이 누렇게 익는 6월이면 예리한 낫으로 베기 시작합니다. 탈곡에 앞서 베어진 밀대를 널어서 뙤약볕에 말립니다. 그러면 동네 개구쟁이들은 농부의 눈을 피해 밀 서리하여 불꽃 위에 올려 밀 알갱이가 탈 때를 기다립니다. 재가 되면 그때야 고사리 손으로 싹싹 비벼 하얀 낟알을 후후 불어가며 먹었지요. 입술 주위에 까맣게 검댕이가 묻어도 맛있게 먹었던 그 시절의 주전부리가 아련하게 떠오릅니다.

밀가루 2포대가 우리 〈성심인〉의 수호신이 되었듯이 올해 첫 수확한 밀의 토대로 지역 테마관광 상품으로 밀밭거리는 물론이려니와 머지않아 신토불이 밀로 만들어질 다양한 종류의 빵을 기대해도 좋은 희망을 얻게 되었습니다. 나아가 올해 팥을 농사지어 내년에 신토불이 팥빙수 맛을 기다려 봅니다. 우리 지역에 6차 산업의 초석이 되길 바라는 마음으로 기념비적인 밀 한 다발을 수확하여 밀밭을 나섰습니다.

백조의 거리 153 번지

ⓒ 최창업, 2025

발행일	2025년 12월 1일
지은이	최창업
발행인	이영옥
펴낸곳	도서출판 이든북
출판등록	제2001-000003호
주　소	대전광역시 동구 중앙로 193번길 73
전화번호	(042)222-2536 | **팩스**(042)222-2530
전자우편	eden-book@daum.net
카　페	https://cafe.daum.net/eden-book
공급처	한국출판협동조합
	전화 (02)716-5616　(031)944-8234~6

ISBN 979-11-6701-385-9
값 14,000원

* 이 책의 판권은 지은이와 이든북에 있습니다.
* 이 책 내용의 전부 또는 일부를 재사용하려면 반드시 양측에 서면 동의를 받아야 합니다.